U0504187

司法社会工作丛书

主编／王文生　　　副主编／王广兵

犯罪学基础理论

BASIC THEORIES OF CRIMINOLOGY

张金武　　刘　念／编著

社会科学文献出版社
SOCIAL SCIENCES ACADEMIC PRESS (CHINA)

建立司法社会工作专业知识体系，加强司法社工人才队伍建设，不断推动司法社会工作新发展（代总序）

  党的十八届三中全会、四中全会、五中全会关于"创新社会治理体制"和"健全社区矫正制度"的决策部署，为推进司法社工队伍建设、完善社区矫正工作体制提供了有力依据。社区矫正，是对判处管制、宣告缓刑、裁定假释、暂予监外执行四种类型的罪犯（以下统称社区服刑人员），在社区内进行的非监禁的刑罚执行方式，需要对社区服刑人员进行监督管理、教育矫正以及社会适应性帮扶。其中，监督管理属于执法活动，应由政府部门执行，而教育矫正和适应性帮扶可由专业的社会工作者和社会组织予以协助，从而合理分配社区矫正的执法职能和教育帮扶职能，形成政府部门和社会组织分工合作的社会管理新机制。在特殊人群管理服务工作中，专门为社区服刑人员、刑满释放人员提供专业服务的司法社会工作者，是社会人才队伍的重要组成部分。通过加强司法社工队伍建设，可以有效提高对社区服刑人员、刑满释放人员的教育矫治质量，促使他们顺利融入社会。

除此之外，在调查、起诉、审判、执行等各个司法程序环节中，除了上述社区服刑人员和刑满释放人员，还涉及各种类型的被害人、嫌疑人、监狱执行罪犯、戒毒人员等，从犯罪预防的角度来说，还涉及具有高度犯罪倾向的高危人群。对这些人群进行介入、教育、矫治、帮扶，对于维护社会平安稳定具有重要意义。

司法社会工作服务遵循社会工作价值观和专业伦理，运用专业方法帮助社区服刑人员等特殊群体走出困境、预防再犯罪，是社会工作的重要组成部分。在党和国家大力推进社会治理体制创新大势和健全社区矫正制度促进平安建设工作大局下，加快司法社工人才队伍建设势在必行。

以广州市为例，自 2009 年以来，市司法局及各区司法局推行了多个司法社工试点项目，包括组织不同的社工机构对社区服刑人员开展的矫治帮扶项目，对监狱服刑人员进行的释前辅导、释中衔接、释后帮教，对违法犯罪高危未成年人提供的犯罪预防服务等，均取得良好的成效。2015 年 1 月 19 日，广州市政府常务会议审议通过《广州市司法社会工作项目体系建设实施方案》（以下简称《实施方案》）并印发各区执行。

广州市《实施方案》规定，市、区两级司法行政部门，以政府购买服务项目的方式，建立市、区两级项目体系。市、区两级项目经费，按照社区服刑人员与社工20∶1、每名社工每年10万元的标准确定（项目经费除了人工薪酬外，还包括场地水电、业务运营等所有费用）。为提高《实施方案》的可操作性，广州市司法局联合市财政局、市民政局，于2015年8月印发了《广州市司法社会工作项目购买服务实施细则》（穗司发〔2015〕92号），进一步明确了市、区两级项目经费的申报、批复、招投标程序。目前，市、区两级财政每年投入司法社工项目的经费有2000多万元，全市司法社工有200多名，有力地加强了基层司法所的工作力量。

但在推进司法社工项目和司法社工队伍建设的过程中，也面临专业机构少，专业性、实效性难以保证等问题。由于缺乏行业准入机制与专业培训体系，司法社工来源比较杂乱，无法完成专业性较强的矫治服务工作。为了加强司法社工人才队伍建设，需要在人才储备、准入机制、行业管理等方面进行规范。

要建立一支具有较高专业水平的司法社工队伍，就要回答这样一些问题：司法社工应当具备什么样的专业知识和素养？司法社工所提供的服务在什么标准下才能被称为"专业"？怎么样才能帮助司法社工具备这些专业知识、素养？

实践表明，司法社会工作所面对的服务对象以犯罪人员和具有犯罪倾向的高危人群为主，在对这些人群进行介入或者矫治的时候，跟医生看病的程序有些类似，就是诊断、治疗、评估：首先判断病因，其次提供相应的"药物"或"手术"治疗，最后在"治疗"后进行效果评估，如果"药物"或"手术"治疗无效，就要换另外一种方法。

因此，从专业的角度而言，司法社工应当具备的专业知识和专业能力，也可以用"诊断、治疗、评估"来概括：你需要判断服务对象的犯罪行为原因，以及哪些因素可能导致其重新犯罪，然后你需要根据这些因素，提供相应的服务方案和介入计划，最后，在提供服务的过程中，你需要定期评估这些介入措施有没有效果，如果效果不好，那么就要对其进行替换。

在"诊断、治疗、评估"的过程中，还要注意不能光靠经验来判断，而需要尽量采取科学的方法和标准。所谓经验与科学的差别，可以用这个例子来说明：许多年以前，人们从经验出发，都认为太阳是围绕地球转的，而科学则证明其实是地球绕着太阳转。一个医生在诊断病人病因的时候，能否只凭经验做出判断？医生除了依靠经验，同样需要依靠听诊器、X光、核磁共振等各种器械和科学检查方法。

这就是我们编写这套丛书的目的：为广大司法社工，以及有志从事司法社工行业的人们，提供一套有效的工具。司法社会工作要成为一个专业、一个学科，就必须具备自己的专业知识体系，以及熟练掌握这套体系的人才队伍。

　　我们希望，这套丛书的出版，能够推动我国司法社会工作的专业发展，能够有助于在实践工作中建立一支高素质的司法社工人才队伍，整合政府与社会的多方力量，不断推进司法社会工作的发展，并在此基础上创新社会治理体制、完善社区矫正工作机制。

广州市司法局副局长　王文生

2017 年 3 月

目·录
CONTENTS

第一篇　导论

第二篇　对犯罪原因的解释：犯罪学理论体系

第三篇　对犯罪行为的干预：预防与矫治

第一篇
导论

第一章

犯罪学概论

犯罪问题是当今世界普遍关注的一个重大社会问题。虽然各个国家均建立了庞大的刑事司法体系，投入了巨大的财力、人力和物力来预防和惩治犯罪，但近年来，犯罪率依然一直上升，在有些国家和地区，犯罪问题甚至相当严重，已经危及基本社会秩序的维系。面对此种情形，解释犯罪现象的原因、寻找控制犯罪的有效策略、设计预防犯罪的相关对策，成为社会的迫切需要。因此，研究犯罪相关知识体系的犯罪学应运而生。自19世纪中后期在欧洲产生以来，犯罪学在过去的一个世纪获得了相当大的发展。

第一节　犯罪学的概念

犯罪学，顾名思义，是研究犯罪现象及其规律的学科。尽管犯罪学已经经历了一个多世纪的发展，但在理论上还没有形成一个表述完全一致的犯罪学定义。最早倡议使用"犯罪学"一词的是法国人类学家托皮纳德，其后，意大利犯罪学家及法学家加罗法洛扎在其 1885 年出版的《犯罪学》一书中采用了"犯罪学"一词，此后，"犯罪学"这一名词逐渐为学术界所接受及采用。最初，犯罪学以探究犯罪原因为主，因此又被称为"犯罪原因学"，到了 19 世纪中叶才逐渐发展成为一门独立的学科，并有狭义及广义之分。

一　狭义的犯罪学

狭义的犯罪学指将犯罪行为与犯罪人作为一个整体加以分析及研究，探讨犯罪发生原因及规则性的科学，故又称犯罪原因学。其研究内容主要包括犯罪生物学、犯罪社会学和犯罪心理学三部分。

二　广义的犯罪学

广义的犯罪学除了探讨犯罪发生原因及其规则外，还企图探求适当的犯罪预防对策，包括犯罪对策学，又称犯罪防治学，以及犯罪刑罚学、监狱学、警察学、被害者学等。因此，广义上来讲，犯罪学是一门研究犯罪行为与行为人以及由犯罪行为所引起的相关犯罪现象及原因，进而提出一套妥当的犯罪预防对策的科学。

本书采纳广义的犯罪学概念，认为犯罪学是研究犯罪成因与犯罪对策的学科。一方面，它描述整体的犯罪现象以及各种类型的犯罪现象，分析探讨形成这些犯罪现象的社会因素；另一方面，它研究犯罪人，分析探讨一切与引起犯罪结果有关的个人主观与客观因素，以建立解释犯罪现象和犯罪成因的犯罪学理论，并能对犯罪的预防及矫治提出有效、具体的建议，以作为制定刑事政策的依据。

三　犯罪学中的犯罪概念

犯罪概念是犯罪学研究的基础性问题之一，这一基础性问题往往容易被忽略，学界对什么是犯罪也有各种不同的认识，解释也多种多样。犯罪这一概念不仅在不同时期有不同的定义，即使同一时期，在不同的国家或地区也会有不同的表述。不同的学科由于研究犯罪的目的不同，也就必然产生不同的犯罪定义，对于犯罪学意义上的犯罪概念，也存在不同的观点。

一种观点认为，犯罪学中的犯罪概念应等同于法律上的犯罪概念。犯罪即违反刑事法律规定、应当受到刑罚处罚的行为。这种观点缩小了犯罪学意义上的犯罪概念的外延。另一种观点认为犯罪学上的犯罪概念的外延应当大于刑法学意义上的犯罪概念，即犯罪包括刑法规定的犯罪以及刑法规定以外的各种违法行为。这一观点抓住了犯罪的法定性，指明犯罪是一种官方的价值判断，对犯罪有权做出判断的是国家立法机关而不是其他组织或个人，并且价值观不是官方独享的，更不是说官方的就是正确的，如纳粹刑法所体现的价值观。因此，这种界定实际上使犯罪概念失去了批判功能，只剩下解释功能，成为刑法学的附庸。因此，我们认为，在刑法学与犯罪学中应该分别使用不同的犯罪概念。

犯罪学中的犯罪概念，应当以刑法中的法定犯罪为典型形态，同时不排除对与法定犯罪相近的违法行为和不良行为的研究，因为这些行为很可能会诱发犯罪或者直接转化为犯罪，所以正确解释类似的犯罪行为，对科学地认识犯罪现象、解释犯罪原因和预防犯罪发生具有重要意义。

第二节   犯罪学的研究对象与任务

一   犯罪学的研究对象

根据犯罪学的概念，犯罪学的研究对象包括犯罪现象、犯罪原因与犯罪对策。犯罪学不仅应当研究犯罪现象及其原因，还应当研究社会应该如何预防和治理犯罪问题，特别是如何运用非法律手段预防犯罪的发生。同时，有效地预防、控制犯罪，离不开对犯罪现象的科学描述，并且描述和解释犯罪现象及原因，最终目的还是要预测和控制犯罪。因此，犯罪现象、犯罪原因和犯罪对策是犯罪学研究中三个不可或缺的基本对象。

（一）犯罪现象

犯罪现象是社会现象的一种，是犯罪学研究最基本的经验性基础，是犯罪的表现形式和类型。根据犯罪现象表现层次深浅程度的不同，可以将其划分为犯罪情况、犯罪特点和犯罪规律。犯罪情况是最表浅的客观事实，是探究犯罪原因、寻求预防对策的基本事实依据，具体是指某一国家或者地区在某一时期内犯罪的数量、类型，犯罪发生的时间和地域，以及犯罪人的构成情况（如年龄、性别、职业、教育背景）等客观事实。犯罪特点是指通过犯罪现象所表现出来的犯罪和犯罪人的个别或一般的某种特殊性或共同性。这种特性往往是通过对各种不同的犯罪情况进行比较显现出来的，包括横向和纵向的比较，这种特性可以从犯罪的数量增减，某类犯罪所占的比例，犯罪的性质、种类、手段、危害，以及犯罪成员构成的变化等各个方面表现出来。犯罪规律是指在一定条件下犯罪的数量增减、发展和变化的一般趋势或必然倾向，即犯罪的质和量的一般运动变化过程。犯罪规律通过犯罪情况和犯罪特点加以体现，同时又决定未来的犯罪情况和犯罪特点。犯罪学的主要功能就是认识、掌握犯罪规律，准确地预测未来犯罪，提出有效的犯罪防范对策。

（二）犯罪原因

犯罪原因是犯罪学研究的核心，也是狭义犯罪学的概念。犯罪原因主要用来解释决定犯罪行为、犯罪人、犯罪率等犯罪现象的关键性因素，包括生物因素、心理因素、自然因素、社会因素等，探讨这些因素导致犯罪发生的作用机制是犯罪学研究的重要方向，并且由此形成犯罪的生物学理论、心理学理论和社会学理论。根据解析对象的不同，犯罪原因也可以分为个体犯罪原因与社会犯罪原因。个体犯罪原因针对个体犯罪行为，而社会犯罪原因聚焦于犯罪率等整体犯罪现象以及犯罪的宏观环境，探究整体犯罪现象形成的原因。犯罪原因除了从犯罪人的角度进行研究，还可以从被害人的角度进行剖析，即所谓犯罪被害人原因。

（三）犯罪对策

犯罪对策是基于犯罪现象和犯罪原因的研究，提出的预防和治理犯罪的各种手段、方法及策略。首先，犯罪预防是犯罪学研究的目的和归宿，对犯罪现象的研究归根到底是为了寻求预防犯罪的措施和对策，防止犯罪的发生。针对犯罪产生的原因，应采取各种手段和措施，预防措施的制定要与不同层次的原因相对应，针对犯罪形成的一般社会原因要采取整体预防的措施，针对特殊的形成原因采取特殊的预防措施，针对特定的类型犯罪采取分类预防的措施。其次，治理犯罪，尤其是矫治犯罪，也需要根据犯罪的特征和原因制定相应的矫正方案，有效地预防该类型犯罪行为再次发生。

二 犯罪学的研究任务

作为一门兼具理论性与经验性的基础学科，犯罪学虽然无法像法学、经济学一样达到较为成熟的程度，但通过不断地探索及与其他学科的相互研讨，犯罪学已获得了相当丰富的成果。犯罪学研究的主要任务如下。

（1）掌握及预测未来犯罪的发展趋势。通过调查研究社会的犯罪状况及其变化情况，正确认识犯罪现象及犯罪规律，了解犯罪的本质特征。

（2）分析犯罪行为及犯罪人的相关特征，找出犯罪风险较高的危险因素及危险群体，从而期待有效地控制犯罪行为的发生。

（3）分析导致犯罪行为产生的生理、心理、社会及其他若干因素，制定具有可行性的犯罪预防策略。

（4）评估现行的各种犯罪预防方法及策略，为未来预防犯罪提供有效途径，从而有利于建立社会整体性的犯罪预防体系。

（5）实施全国性的犯罪及被害调查，提供犯罪状况的真实数据，以此作为政府治安政策执行及修订的参考。

（6）对于犯罪学学科的发展来说，建立科学化及本土化的犯罪学，有利于推动国际性的犯罪学学术交流及比较研究，有利于提升政策执行的可行性。

第三节　犯罪学与相邻学科的关系

犯罪学研究的对象包括犯罪现象、犯罪原因及犯罪对策等，它涉及法学、社会学、心理学、精神医学、警察学、侦查学等相关学科，是一门具有复合性问题的研究领域。犯罪学与相邻学科表面上具有共通的范畴，主要表现为研究对象上的相互渗透和研究方法的相互借鉴；同时，犯罪学与相邻学科也有着显著差别，以下具体分析犯罪学与相邻学科的区别与联系。

一　犯罪学与刑事法学的关系

刑事法学包括刑事实体法和刑事程序法，规定犯罪行为构成要件与其法律后果及犯罪行为追诉在程序上的条件及规则。犯罪学与刑事法学具有共通的范畴，即可罚性的犯罪行为，但两者的研究重点和方法具有显著不同。首先，在研究重点上，犯罪行为是刑事法学中最重要的部分，侦查、起诉、审判与量刑至执行刑罚等一连串的刑事司法活动，均以犯罪行为为重心；但在犯罪学的研究中，犯罪行为只是犯罪行为人整个人生历程中的一小段经历，是犯罪学研究范畴中的一个很小的部分。其次，两者的研究方法不同。刑事法学的研究方法为演绎的与规范的研究方法，犯罪学则为实证的与科际整合的研究方法。因此，刑事法学可称为逻辑演绎的规范科学，犯罪学则为社会实证的经验科学。

虽然犯罪学与刑事法学有相异之处，但两者的关系仍极为密切，因为犯罪学所研究的范畴绝大部分是依据刑事法学所定的犯罪行为；同时，犯罪学的应用也与刑事法学的实务有着极为密切的联系，如关于犯罪分子的人格、犯罪预测与责任能力等的研究与鉴定。此外，犯罪学的研究结果也成为促成刑事司法改革的原动力，经过对刑事政策的思考，促进刑事司法在犯罪预防与治理中的成效。

二　犯罪学与刑事政策学的关系

刑事政策学又称学术的刑事政策，是以运用刑罚及其有关制度、惩治和防范犯罪为研究内容的学科。它整合了刑法学、犯罪学与刑罚学的理论、方法论与研究成果，为相关犯罪政策的制定提出一系列学理上的依据。两者同样以犯罪为客体，犯罪学偏重犯罪理论与犯罪形成相关性的探讨，刑事政策则侧重犯罪的预防与治理政策上的考虑。

从西方犯罪学与刑事政策学的发展历程来看，犯罪学与刑事政策学的观点是密不可分的，由于两者的密切合作，在犯罪的预防与治理上取得了丰硕的成果。当然，并非所有的刑事政策都等于正确应用的犯罪学。此外，不可单纯地把犯罪学当作刑事政策学的一部分或是刑事政策学的辅助科学，因为犯罪学并不只是一门应用科学，不管它的研究结果是否被加以应用，均不影响其成为独立学科，因为犯罪学的发展史业已被证实，只将一门科学的实际结果作为对该学科的评价标准，是有局限性的。

总之，犯罪学与刑事政策学两者之间的关系是极为密切的，犯罪学的研究为刑事政策学的研究提供有关犯罪情况的一切基础资料，以及预防与治理犯罪的各种可能性，刑事政策学若无犯罪学方面的基础，其内容将成为无实际依据的空谈。

三　犯罪学与犯罪侦查学的关系

犯罪侦查学是借用现代自然科学的方法与仪器，以及应用心理学与犯罪侦讯技术，采用符合刑事诉讼法规定的方法，侦查刑事案件、逮捕并侦讯犯罪嫌疑人、收集并鉴定刑事证据的一门学科。犯罪侦查学的主要任务在于直接地对抗压制犯罪，它一方面以抑制的手段，侦破业已发生的刑事案件，确定并逮捕犯罪嫌疑人，依据《刑事诉讼法》的规定，收集并鉴定与该刑事案件有关的一切必要且合法的证据，以此作为审讯犯罪嫌疑人的依据；另一方面，以预防的手段，研究发展一套有效的安全防卫措施，以预防或对抗经常发生的犯罪行为。

犯罪侦查学也与犯罪学一样，以犯罪为客体，这两种学科的领域有不少交错之处，有学者认为犯罪学应包括犯罪侦查学。事实上，这种看法并无可能性，因为犯罪侦查学是涉及数门自然科学，如物理学、电学、光学、化学与毒物学等应用科学的学科，犯罪学学者不可能在规范科学与经验科学之外，还有足够的能力来从事自然科学研究。

事实上，两者对犯罪与犯罪人的关系的理解是完全不同的。对犯罪嫌疑人的侦查与逮捕以及犯罪证据的收集与鉴定，根本就不属于犯罪学的研究领域；犯罪学分析犯罪人从一个人演变成法律秩序破坏者的过程，及其受刑事审判并执行刑罚后的情况，这些过程自然包括从犯罪行为实施前至服刑期满、出狱重新进入社会后的一切阶段。因此，犯罪学的知识将有助于侦查人员的侦查与鉴定工作。

四　犯罪学与刑罚执行学的关系

刑罚执行学主要研究的是如何依据法律对犯罪人实施惩罚和改造，属于刑事规范学的范畴。犯罪学是专门以犯罪现象及其发展变化的一般规律为研究对象的学科，其主要任务是研究犯罪现象的产生原因、特点、发展趋势及对策的一般性原理和一般性方法，是对刑事事实的研究。刑罚执行学必须充分利用犯罪学的研究成果，切实掌握犯罪行为发生的原因和规律，特别是类型犯罪和个体犯罪发生的原因和规律，为刑罚执行中对犯罪人的改造和教育提供科学的依据。

同时，在监狱或社区中实施的对犯罪人的惩罚和改造也是社会治安综合治理的基本环节之一，是犯罪预防的一项根本性措施。对这些问题的相关研究为刑罚功效、对犯罪人进行再社会化、预防重新犯罪的社会因素和条件等方面的研究提供了依据，这些成果可以为犯罪学的研究提供信息和资料，使犯罪学可以更好地探索犯罪现象存在的原因及控制犯罪现象产生的途径。

第二章

犯罪学的研究方法

第一节　犯罪学研究方法概论

犯罪是一种错综复杂的社会现象，犯罪学作为一个复合性问题的研究领域，就如医生诊断病情一样，必须集合数种不同领域的医生进行会诊，才能找出病因对症下药；犯罪学研究也是一样的，必须采取科际整合的方法，整合与犯罪有关学科的理论与方法，运用这些学科与犯罪问题相关的部分，以科际整合的观点，对犯罪现象与犯罪人进行研究。

具体而言，犯罪学的研究方法，是指搜集、整理、分析犯罪现象，揭示犯罪原因，寻求犯罪对策的恰当的规则、程序、途径、手段、技巧及模式等的总和。犯罪学的研究方法具体分为四个方面：①科学方法论，包括思辨方法、实证方法等方法；②犯罪学研究的基本观念，包括定量与定性、经验与思辨、宏观与微观等；③犯罪调查的基本方法，可以从两个角度分类，按照调查的范围包括普遍调查、抽样调查、典型调查、个人调查，按照调查的方法包括问卷法、访谈法、观察法、实验法；④犯罪研究的基本技术，包括调查技术，如抽样技术、问卷设计技术，资料处理技术等。运用以上方法，经过一定的研究程序，构建犯罪学理论。

第二节　犯罪学研究的具体方法

犯罪学的研究方法多种多样，总体而言，主要包括思辨方法与实证方法。思辨方法即抽象推理的方法，实证方法即实践证明的方法。在犯罪学研究中，实证方法更为科学有据。实证方法的种类很多，实践中运用较多的是社会调查法、观察法、实验法、历史研究法等。

一　思辨方法

思辨方法的基本思路是，首先叙述最简单、最普遍的抽象规定作为研究的理论出发点，然后使这些最一般的定义和原理在叙述的过程中不断被深化和丰富，同时又以越来越具体的内容对研究对象加以充实，直至研究对象得到完整的阐述为止。思辨方法主要包括演绎、溯因、分析、比较，其中比较常用的是演绎的方法。

演绎方法的基本特征是以从概念到概念、从判断到判断的方式进行论证，即从既成的一般性理论中推导出个别性结论。演绎方法可以分为公理法和假说演绎法两种。公理法把既定的公理作为逻辑起点，然后按照严格的推理方式从公理中推导出一系列个别结论，从而建构起一个完整的理论体系。假说演绎法的基础是假说而不是公理。假说演绎法与公理法的根本区别在于假说尚未被证实，只是一种可能的答案。假说形成后，研究者以它为逻辑起点，进行推理判断，从而形成自己的体系。要从演绎推理中得到正确的判断，必须以正确的前提做保证。

理性思辨是犯罪学中不可或缺的研究方法。对犯罪的价值层次的解释，如犯罪应当是什么样的行为、犯罪的负面价值是什么，取决于在一定社会历史条件下，犯罪控制主体的利益要求，对于这类抽象问题的研究必须借助理性思辨的方法。犯罪学既是一门应用性很强的学科，又是一门理论学科。因此，研究者必须遵照严密的逻辑体系和深刻的理论诠释，自觉地运用思辨方法研究犯罪学问题。

二 实证方法

实证方法是超越和排除价值判断的，通过实地调查和观察所得到的经验资料，分析和预测一定社会行为客观效果的研究方法的总称。实证方法主要包括以下几种。

（一）社会调查法

犯罪调查是社会调查的一种形式。社会调查法是指经由问卷设计，调查员以填答的方式或邮寄方式来探寻被调查者意见或态度的一种研究方法，一般包括问卷调查法和访谈法两种，调查的类型又包括普遍调查、抽样调查、典型调查和重点调查、个案调查等。

问卷调查法，即使用问卷的形式进行社会调查、收集社会资料的一种方法。问卷是由调查人员依照研究假设和有关度量指标而设计的、以问答为主要形式的书面调查表。问卷由被调查对象自己填写或由访问者代为填写，调查人员将问卷回收后进行资料汇总统计、归纳分析，从中得出研究结论。访谈法是直接与调查对象面对面交谈而获得社会资料的调查方法，一般由访问者提出问题，由被访者依照自身的情况提供回答，访问的形式可以是个别交谈，也可以是召开座谈会。

问卷调查法在经费与时间上均较访谈法更为经济，且匿名性好，使被调查者不至于难为情而拒绝作答或者答非所问。但问卷调查法收集的资料不够广，不但无法深入，而且也无法查证答案的正确性，同时被调查者必须具有一定的教育程度，否则如文盲等，就无法填答问卷。此外，邮寄问卷法中邮寄问卷的回复率往往很重要，通常若有 35% 左右的回复率就算很不错的结果。当然，问卷的回复率与问卷的形式、内容以及问卷调查问题的性质等均有关系，因此在问卷设计过程中，应特别注意。

（二）观察法

观察法是现实地获取感性社会资料的最一般、最常用的调查方法，研究者以自己既有的学识与理论为基础，并借助感官的体验与观测，对研究对象的行为与研究现象做出选择、引导及记录。由于研究者的观察立场与方式不同，观察法可分为不同方式，如无系统的观察或系统的观察、自然社会状态下的观察或实验状态下的观察、无结构的观察或有结构的观察、无控制的观察或有控制的观察、参与观察或不参与观察等。犯罪实证研究中采用的观察法以参与观察、不参与观察的方式为主。

参与观察法中，研究人员直接进入研究对象所处的社会环境与社会关系中，参与到研究对象的日常生活之中。但是，在这种方式中，研究人员必须隐藏自己的真实身份和研究目的。由于与研究对象终日生活在一起并取得研究对象的信任，研究人员不仅可以掌握研究对象活动的全过程和日常的生活习惯，还可以观察分析研究对象的心理状态、思想变化，获得全面、深入、丰富、真实的资料。但是，参与法易于形成爱憎偏见，带上研究人员的个人感情色彩，失去客观立场，并且需要投入较多的时间和精力。

不参与观察法为通常采用的方式，指研究人员将犯罪或犯罪人当作研究客体，以局外人的立场加以观察。除了通过自己的视觉、听觉等器官，耳闻目睹地直接体验和收集研究对象的信息外，还可以借助拍照、录音、录像等技术手段进行观察。
对于犯罪的研究，运用观察法能够具体掌握各类犯罪人的思
想、心理和行为特点，有助于提高对犯罪人改造、教育的工作
成效。

总之，通过观察法，可以客观实际、准确无误地获取第一
手、可靠性高的资料。但是由于观察的对象、数量有限，难以
进行定量分析，观察的准确性还受观察者进入观察环境的局限
性和其主观心理的影响，而从旁观察又难以深入实质。

（三）实验法

实验法是运用自然科学实验的逻辑演变而产生的一种社会
研究方法。即将一个用以说明"因果关系的假定"置于可借
助物理性、符号性或思想性的操作的两个"相对比的情况"
之中，加以观察、检验的研究方法。

实验在社会研究中有各种不同的设计类型，典型的实验设
计通常将研究对象分为"实验组"与"控制组"，然后使实验
组接受独立因素（自变量）的作用，使控制组不受独立因素的
作用；或者使两组受不同程度的独立因素的作用。经过一定时
期之后，再测量两组所含的共同因变量，用于比较独立因素对
两组可能产生的影响。实验中最简单的设计类型是只运用一个实
验组，并先测量此组在独立因素作用前的因变量；引进独立因素，
经过一段时期作用后，再测量其因变量，进而与独立因素作用前
所测的因变量进行比较，推论独立因素对实验组的影响。

（四）历史研究法

历史研究法指应用科学方法探寻历史记载资料，检验历史记录及遗迹，追求历史中社会事实真相的方法。例如，通过观察某一地区或者国家在不同发展时期的犯罪情况以及与犯罪相关因素的变化规律，探究该特定时期的犯罪现象、原因及对策。历史研究方法，在一定程度上是一种纵向比较，是通过对犯罪现象过去与现在的比较，找出其中的规律性，预见其未来的一种方法。

第三章

犯罪学的历史发展

为了深入、全面地了解犯罪学的内容及相关研究，需要对其渊源、历史与现状进行详细深入的剖析。

第一节　西方犯罪学的历史发展

一　西方犯罪学的思想渊源

自人类社会产生以来，犯罪现象也随之产生，有关犯罪的研究思想也因此出现。公元前5世纪，欧洲思想家就从人体的不同形态、面相特点等生理因素解释犯罪发生的原因。古希腊唯心主义哲学家苏格拉底认为："凡面黑而有恶相者，大都有罪恶的倾向。"柏拉图认为犯罪是由疾病引起的。古希腊哲学家、科学家亚里士多德认为犯罪有遗传性，并从面相、骨相和人的个性、行为特征方面探讨犯罪产生的原因，指出犯罪人头盖骨的形状与正常人不同，人的头盖骨的形状与犯罪有关系。16 世纪末随着近代自然科学的发展，骨相学也有所发展，意大利的自然哲学家、骨相学家波尔达认为人的身体和性格与犯罪有必然的因果关系，具有变态人格的人，其发展的必然结果就是犯罪。法国启蒙运动的杰出代表、著名的资产阶级法学家孟德斯鸠在其发表的著作《论法的精神》中提出，犯罪与人的激情、意志和思想关系密切。德国医学家高尔认为犯罪与脑的机能有关，并将犯罪区分为激情犯罪和本能犯罪两大类。之后，从人的生理、遗传因素、精神疾病和心理等方面研究犯罪的学者日益增多。此外，国外的犯罪学家也十分重视从经济、社会和家庭等方面来解释犯罪发生的原因。例如，柏拉图认为外在的权威即国家权力，能够禁止人们放纵欲望，保护个人的正义品德。他的学生亚里士多德将财富与犯罪联系起来，论述了犯罪产生的三个根本原因：缺乏衣食；为温饱之余的情欲所困；其他漫无边际的愿望，追求无尽的权威。他同时对后两种犯罪行为产生的原因提出了补救的方法：对于第二种犯罪采取培养其德行，克服过分欲望的方法；对于第三种犯罪则采取教育的方法，使人知道自足，与世无争。亚里士多德对犯罪问题的探讨，在犯罪学发展历史上具有重要意义。

进入中世纪，宗教神学在欧洲中世纪早期的社会占据统治地位。神学家们根据《圣经》解释犯罪，极力宣扬"原罪论"，抹杀犯罪的社会根源。"原罪论"把犯罪的原因归结为人的意志，这种"原罪论"既掩盖了犯罪现象的社会阶级根源，又排斥了外因对犯罪的条件性作用。在资本主义萌芽时期，人们对犯罪问题的认识有了明显的进展，某些思想家开始注意从社会财产制度上分析犯罪的原因，提出私有制是一切社会祸害的根源。英国早期的空想社会主义者莫尔提出了乌托邦社会的构想，认为社会的罪恶尤其是资本积累，是造成犯罪的主要原因。因此，只有进行根本的社会变革，完全废止私有制度，使财富得到平均公正的分配，没有剥削和压迫，才能消灭犯罪。他认为当时对盗窃和杀人行为一律处以死刑是荒谬且有害的，主张对盗窃犯采取交还赃物、照价赔偿或者强制劳动的方式予以惩罚，强调平时的教育在杜绝百姓堕落及犯罪中的作用，对于已经实施犯罪行为的罪犯要挽救、保全，促使他们改过自新，以免重新犯罪。莫尔的犯罪学思想在犯罪学思想史上具有重大贡献，对以后犯罪学思想的发展产生了积极影响。

进入近代资产阶级革命时期，强调以利己主义的人为法理论取代以国家立场为主、注重道德作用的自然法。英国近代机械唯物主义的奠基人、政治法律思想代表人物霍布斯认为人生来贪得无厌，其掠夺性和残忍性甚至超过了动物。"罪行是一种罪恶，在于以言行犯法律之所禁或不为法律之所令"，"没有法的地方便没有罪恶"，法律是主权者的命令，所以，犯罪实际上是对国家主权者通过法律所建立起来的社会秩序的侵犯。同时期的洛克认为自然状态是一种自由和平的境界，而不是一种完全冲突的状态，人们尤其是儿童由好变坏完全是由其所处的环境（广义的教育）所决定的。洛克认为"违法是不符合正当理性规则的行为"，惩治罪犯的目的是促使犯罪人悔改，教育和警诫犯罪人不再犯罪。

之后，孟德斯鸠在其著作《论法的精神》中将犯罪分为危害宗教罪、危害风俗罪、危害公民安宁罪和危害公民安全罪四种，并进一步把犯罪与封建贵族的特权、贪污腐化及专制制度的各种弊端联系起来。

二 西方犯罪学发展历程

在上述思想渊源的背景下，西方犯罪学的发展主要以不同的犯罪学派为标志，大致可以分为三个阶段：18 世纪的古典犯罪学派、19 世纪的实证主义犯罪学派、20 世纪的犯罪社会学派及现代犯罪学。

（一）18 世纪的古典犯罪学派

在 18 世纪欧洲大陆启蒙运动的背景下，启蒙运动的先驱们从理性的观念出发，对宗教神学思想和封建专制统治进行了无情的揭露和批判，不再用超自然的力量，而是用人们本身的因素来解释人的行为。古典犯罪学派便在这场启蒙运动中产生，它标志着西方对人类犯罪行为进行自然主义探讨的开始。该学派的代表人物包括意大利学者贝卡利亚、德国刑法学家费尔巴哈、英国思想家边沁和主张监狱改良的霍华德。

古典犯罪学派最主要的代表人物是意大利法学家切萨雷·贝卡利亚。1764年贝卡利亚出版了《论犯罪与刑罚》一书，该书是刑法学和犯罪学领域重要的经典著作之一。贝卡利亚在书中深刻地揭露了旧的刑事司法制度的蒙昧主义本质，提出了一系列刑法改革的重要思想，这些思想成为后来现代刑法制度确立的三大基本原则：罪刑法定原则、罪刑相适应原则和刑罚人道原则。他极力主张按照"人的自然权利"即人民不通过国家便拥有的权利这一思想来重新制定刑法，同时呼吁废除刑讯和死刑，实行无罪推定。贝卡利亚也系统地论述了法律及其刑罚的特征，他的理论对当时的刑事立法和刑事司法改革产生了巨大的推动作用，一些欧洲国家在其思想的影响下，修改刑法，废除身体刑、减少死刑条款，有些国家废除死刑、改善犯人的待遇。1791年与1810年法国刑法典就是根据贝卡利亚的基本思想制定的。现今许多国家的法律规定、司法制度，特别是刑事法学、犯罪学的理论基础，都可以追溯到贝卡利亚的《论犯罪与刑罚》，他的思想的影响是深刻而广泛的。

除了贝卡利亚外，犯罪学古典学派的典型代表人物还有边沁。边沁在《道德与立法原理》中集中体现了他有关犯罪的理论观点。边沁是功利主义理论的创始人，他的思想对近代刑法学、犯罪学都产生了重要的影响。边沁功利主义理论的核心是，认为人类的一切行为都受两种基本动力的驱使，即追求快乐和避免痛苦，这是一切道德行为的原因和动力，也是一切不道德行为包括犯罪行为的原因和动力。"获得快乐的期望或避免痛苦的期望构成动机或诱惑，获得快乐或避免痛苦就构成了利益"，犯罪人正是追求这种利益而进行犯罪的。边沁主张个人利益是唯一现实的利益，社会利益只是一种抽象的、个人利益的总和。个人利益的满足是保证绝大多数人最大幸福的手段。政府应该限制的邪恶，必须大于法律本身因侵犯个人自由而带来的邪恶，犯罪行为破坏了社会的普遍幸福，应当受到惩罚。边沁还对监狱建筑设计方面提出了改革性的建议，他主张监禁是一种对大部分犯罪人都适合的刑罚，但指出当时流行的监狱建筑使犯罪人与外界隔离，并且使犯罪人变懒。因此，边沁主张将监狱设计成圆形建筑，呈放射状，控制室在中央，从中央控制室可以看到所有的监舍。边沁认为圆形监狱应当建造在靠近城市中心的地方，以便使其成为一个看得见的提醒物，可以对可能实施犯罪的每个人起到警诫作用，而又不影响对里面的犯罪人的惩罚。因此，圆形监狱既能威慑外面的公众，又能体现对犯罪人的人道待遇。

英国的约翰·霍华德也是古典犯罪学派的代表之一。他在访问和考察了欧洲300余所监狱后出版了《监狱状况》一书，针对当时将债务人、罪犯、失业者、娼妓、精神病人和战俘都不加区别地关押在监狱里的现状，他倡导制定监狱法，主张应改善犯罪人的生活和劳动条件，将囚犯按年龄段和性别分别关押。他的这些建议对英国及整个欧洲大陆监狱管理制度的改革做出了贡献。

古典犯罪学派的主张基本是一种建立在"自由意志犯罪原因论"基础上的，以刑罚的心理强制为手段的严格法律控制论。较之当时刑法中的封建专断，该学派的主张代表了正在兴起的资产阶级的利益，对当时的刑事立法和刑事司法都产生了深远的影响。但是由于古典犯罪学派认为行为人实施犯罪与否，由其自由意志决定，并将行为人的自由意志作为社会对犯罪施加刑罚的基础，而忽视了其他因素对人的犯罪行为的影响，与现实社会状况不相符，因而使法国刑法典在日常使用过程中遇到了许多问题。例如，未成年人和精神病人以及有某种心理缺陷的人的意志的自由程度不可能与正常人相同，因同等程度的犯罪行为对他们施以同等程度的刑罚是不合理的。此外，个性差异及具体环境也对人的意志产生影响，人的意志实际上不可能完全自由。在这种背景下，一些学者开始批评、修正古典犯罪学派的理论和原则。实证犯罪学派对古典犯罪学派修正的主要内容是，主张人的意志并非自由，环境等因素对人的行为的选择也有决定性影响。

（二）19 世纪的实证主义犯罪学派

实证主义犯罪学派是在 19 世纪中期以前的生物学、实证主义哲学、进化论和精神病学基础上建立起来的严谨意义上的犯罪学派。当时，西方大多数国家已经完成了资产阶级革命，新的统治者需要一个良好的社会环境以巩固其统治，发展经济，但社会上的犯罪并没有因为古典犯罪学派所倡导的刑法改革而减少，相反，犯罪现象日益增多，引起了政府和公众的普遍担忧，古典犯罪学派的理论对于预防犯罪似乎不起作用。随着自然科学的兴起和发展，孔德实证主义哲学的出现对当时社会问题的研究产生了重要的影响，使许多社会科学在观念和方法论上都发生了明显的变化。在这种背景下，19世纪末的意大利实证主义犯罪学派应运而生。

意大利实证主义犯罪学派最主要的代表人物是龙勃罗梭、菲利和加罗法洛。他们都否定自由意志论，坚持犯罪是为某些客观因素所决定的决定论。但对于具体什么因素对犯罪具有决定性作用，三人持有不同的看法。也有观点认为该时期的犯罪学派可以分为犯罪人类学派和早期犯罪社会学派。犯罪人类学派更注重个案研究，犯罪社会学派则从个人和社会两个角度对犯罪行为和犯罪人进行研究，提出了犯罪多因论和社会综合预防论。

龙勃罗梭是实证主义学派的创始人，也是犯罪人类学派的代表。龙勃罗梭早年学医，曾在军队作为军医服役，后担任精神病院院长，并在1905年建立了犯罪人类学博物馆。龙勃罗梭的代表作《犯罪人论》于1876年首次出版。他在借鉴犯罪生物学先驱者的研究成果的同时，在对犯罪人进行大量临床研究和人体测量调查的基础上，提出了著名的"天生犯罪人"理论。通过大量的对比分析，龙勃罗梭发现犯罪人与正常人在生理构成上有很大不同，犯罪人在生理特征上表现出一种返祖现象。所谓返祖现象是指原始野蛮人的一些特质，这些特质经过一定的发展阶段后重新在后一代人中出现。龙勃罗梭据此断定某些生理特征与犯罪有关，带有这些生理特征的人具有先天的犯罪倾向。这些返祖现象的生理特征有面部不对称、颚骨和颧骨过大、头部大小与形状异常、眼睛有缺陷、手臂过长等70多种。

除了天生的犯罪人之外，龙勃罗梭还修正了其天生犯罪人理论，他认为犯罪原因也包括气候、谷物的价格、性和婚姻的传统、刑法、社会结构、教会组织、宗教信仰等因素。龙勃罗梭去世两年后其著作《犯罪及其原因及矫治》出版，龙勃罗梭在书中指出生物返祖现象不适于所有犯罪的人，许多犯罪人实施犯罪行为并非生物因素所致，而与环境因素有关。龙勃罗梭根据犯罪人是否具有天生犯罪特质及主观恶性程度将犯罪人分为四种类型：①天生犯罪人；②精神病犯罪人；③激情性犯罪人；④偶发性犯罪人。他认为前两种人是真正的犯罪人，其主观恶性大；激情犯和偶发犯不具有先天犯罪人的特质，其主观恶性较小。在此基础上，他提出了相应的犯罪控制理论，认为处罚犯罪与犯罪人的主观恶性程度相一致，要与不同类型的犯罪相适应。同时，主张刑罚的目的不在于报应而在于防卫社会，反对短期监禁，认为监狱非但不能改造犯罪人，反而会使其变得更坏。龙勃罗梭主张损害赔偿应成为轻罪的刑罚方式，他指出，应广泛地适用经济、有效的罚金刑代替其他制裁措施，主张广泛适用缓刑、假释及其他"开放性"制裁措施。但总体上，生物学理论仍然是龙勃罗梭犯罪学思想的核心。

菲利是犯罪社会学派的奠基人之一，其代表作为《犯罪社会学》。菲利虽然接受了龙勃罗梭"天生犯罪人"的理论，否认自由意志，但他认为不能仅仅用生理因素去解释犯罪，自然因素和社会因素也对犯罪起了很大作用，因此，他的理论被称为"三因素说"。首先是个人因素，即犯罪的人类学因素，包括犯罪人生理、心理及种族方面的特征。其次是自然因素，主要指人们生活于其中，但并未予以注意的物质环境，主要包括自然资源状况、地形、气候等。菲利认为自然环境虽然不能直接产生犯罪，但其通过与其他因素的结合能够促使犯罪的发生并影响犯罪现象的变化，自然因素可以影响到的社会状况，如贫穷、就业、文化和道德状况等，都与犯罪密切相关。最后是社会因素，是指能够促使人类生活不诚实、不完满的社会环境，包括经济、政治、道德及文化生活中的各种不安定因素。例如，经济状况中的贫、富两种情况，贫穷使人为了生存把行为准则降低到与初级动物一样的水平，因此难免就会触犯法律、构成犯罪；同时，富裕可能使生活变得腐化，导致贿赂、赌博、吸毒等违法犯罪行为的发生。菲利认为犯罪是这三个方面的因素共同作用的结果，无论哪一种因素都不能单独解释所有犯罪，当这三类因素达到一定量的时候就必然引发犯罪。同时，菲利提出了"犯罪饱和法则"，即每一个国家在客观上都存在上述促使犯罪产生和变化的三类因素，这三类因素是不断变化的，并由此影响犯罪现象的变化。因此，犯罪在各个国家的不同年度有升降波动，这种变化有年中平衡，每个国家始终都存在一定数量和一定种类的犯罪行为，犯罪情况始终处于与其原因相适应的饱和状态。有时某个国家的犯罪情况也可能出现超饱和状态，不过最终还是会恢复到饱和的状态。基于犯罪的多因素理论，菲利还提出了相应的犯罪控制理论——"刑罚替代措施"，强调疏导重于惩罚的思想。他提出：社会对犯罪现象所能采取的最有效、最有力的防卫应当是双重性的，一方面，针对犯罪的环境因素改善社会环境，对犯罪进行自然防范，以此替代刑罚；另一方面，根据行为人的生物学状况（可治愈程度），永久或临时性地隔离罪犯。许多疏导性社会措施都能取代刑罚，并能更好地预防犯罪。例如，在居住条件很差的贫民区，男女老幼共居一室，再重的刑罚也难以制止性犯罪的发生。以其他刑罚代替的具体措施，如厚给官吏以养廉，可以减少收受贿赂和营私舞弊等渎职罪的发生；设置路灯、街灯可以防止或减少盗窃罪的发生。

意大利法学家、犯罪学家加罗法洛与龙勃罗梭和菲利一样，否定自由意志学说，主张犯罪原因的决定论，但他与龙勃罗梭和菲利也有所区别。加罗法洛也强调社会因素对犯罪的作用，他偏重从心理学方面解释犯罪，认为人类有两种属性，一种是保护自己的本能的利己情绪，另一种是基于保护社会利益的利他情绪。在利他情绪中，最重要的是怜悯和正直的观念，自然犯罪就是触犯了人类社会两种基本情感的观念的犯罪。自然犯罪的本质在于对怜悯和正直的违反。由此，"自然犯罪者"属于那种有生理缺陷的人类学类型的人，是一种不能产生利他主义感情的，处于低劣发展状态中的人，自然犯罪为任何文明社会所不容，是真正的犯罪。法定犯罪是国家通过立法规定的属于自然犯罪范畴之外的犯罪，它在不同时期、不同的国家都有不同的规定。根据这两种分类，可将犯罪人分为真正的犯罪人、非真正的犯罪人两类，针对不同类型的犯罪人应有各自不同的法律手段。同时，以真正犯罪人道德低劣的本质和程度为依据，将其分为四类并提出相应的对策措施：①谋杀犯，毫无道德情感的人，杀人如儿戏，即"天生犯罪人"，唯一对策是死刑；②暴力犯，指为了满足自我而施暴者，对策为流放、限制其行动自由、严禁逃脱，并实行不定期刑；③财产犯，如盗窃犯，应将其放逐到农场，强迫其劳动，对于惯常的财产犯罪人，应处以无期徒刑；④风俗犯，指心理异常的性犯罪人，这类人如果患有精神病，应将其监禁于收容所加以隔离治疗。对于非真正犯罪人，除了刑罚外，还应实行强制赔偿的措施，如强制其劳动，其劳动所得收入扣除收容费用外，其余充作损害赔偿和罚金之用。

　　不管是从研究的视觉上看还是从方法上看，实证主义犯罪学派与古典学派之间都存在差异。实证犯罪学派的诞生标志着科学探索犯罪原因和犯罪对策的开始。龙勃罗梭、菲利和加罗法洛的著作,彻底改变了探讨犯罪的方法,唤起了对犯罪的社会科学研究,这标志着信仰时代的结束和科学时代的开始。绝大多数当代犯罪学理论即使不直接源于 19 世纪实证主义者的思想,也来自实证主义者的传统营销。

(三) 20 世纪的犯罪社会学派及现代犯罪学

20 世纪上半叶是西方犯罪学发展的鼎盛时期。在此期间,许多国家的犯罪学蓬勃发展,并出现了各种不同流派的犯罪学理论。犯罪人类学的地位逐渐衰退,犯罪社会学和犯罪社会心理学理论占据主导地位。起初,犯罪学的研究主要局限于欧洲,但自 1909 年在芝加哥成立"美国刑罚和犯罪学研究所"开始,世界犯罪学研究中心开始转移到美国。直到现在,美国的犯罪学研究整体上仍然处于领先地位。由于深受 19 世纪欧洲犯罪学家思想的影响,美国犯罪学研究的一个突出特点就是把犯罪学纳入社会学领域,把犯罪学看成社会学研究的一个部分;同时在研究方法上重视实证主义的经验型研究。各种犯罪学理论、流派、学说众多,如犯罪心理学、犯罪经济学、犯罪社会学、社会心理学、政治学犯罪理论、多因素论、当代犯罪古典学派、恢复性司法理论等。

20 世纪 20 ~ 30 年代,美国的犯罪学得到空前的发展。比较有代表性的著作相继问世,主要有:①莫里斯·帕米利的

《犯罪学》教科书，内容包括犯罪规模、表现形式、原因，还有刑事司法系统（警察、法院、监狱）及其预防和治疗方法，此后美国的犯罪学教科书大都以此为蓝本进行编写；②萨瑟兰的《犯罪学原理》一书中提出了著名的"差别接触理论"，之后，萨瑟兰又发表了关于"白领阶层犯罪"现象的报告，使人们注意到现代社会中居于社会上层（体面阶层）、有一定经济地位的人的犯罪行为；③以谢尔顿·格鲁克夫妇为代表的学者所进行的犯罪预测研究、犯罪生态学研究；④以克里夫德·肖和亨利·麦凯为代表的学者所进行的犯罪生态学研究。

20世纪30年代末至50年代初，美国的犯罪学研究范围进一步扩展。桑斯顿·塞琳在分析了1930~1932年美国经济大萧条时期犯罪的发展状况后，提出了"文化冲突理论"，把犯罪现象的产生归结于不同价值体系之间的冲突。弗兰克·坦嫩鲍姆首次提出对"犯罪人"重新认识的观点，并将认定犯罪的过程看成一个贴标签、下定义，使人意识到以及使其自己认识到"犯罪性"的过程。从那时起，互相作用——个人与社会之间联系的桥梁，就成为现代犯罪学的一个中心概念。埃德温·莱美特提出了习惯性越轨行为的概念，并分析了习惯性越轨行为的演变过程。

整个20世纪上半叶，以美国为中心的犯罪学研究取得了瞩目的成果。首先，接受了以犯罪人为中心的实证研究方法并且在临床犯罪学和多种成因理论中加以消化和改造。其次，继承并发展了法国的犯罪社会学。最后，犯罪学研究的注意力集中在传统作案人身上的现象被克服，并在以下两个方面扩大了犯罪学的研究领域：研究中注意到了白领阶层犯罪现象；将被害人以及对犯罪行为做出反应等方面（立法以及警察、法院、监狱）纳入了犯罪学的研究对象。

第二节　中国犯罪学的历史发展

相对于西方蓬勃发展的犯罪学研究，我国对犯罪学的研究相对不完善。在历史发展的不同阶段，犯罪学的发展及成果并不一致。

一　古代犯罪学萌芽

中国是具有五千年历史的文明古国，先辈们在这片土地上曾经创造出辉煌灿烂的文化。历代圣人先哲们曾就人类社会的犯罪原因和犯罪对策提出自己的见解。

春秋时期，孔子非常注重道德感化对犯罪预防的作用，他指出"道之以政，齐之以刑，民免而无耻；道之以德，齐之以礼，有耻且格"。意思是说作为统治者，如果用政令去驱使人们，用刑罚去制裁人们，人们为避免遭受刑罚就会按照政令行事，但内心并不认为违法犯罪是不道德的行为；如果用思想去疏导人们，用伦理道德去教化人们，使其知晓违法犯罪是可耻的事情，人们便会自觉地制约和纠正自己的行为。在这里，孔子提出了两种行为规范：一种是靠国家强制力保障法律实施的法律规范，另一种是靠内心道德观念来调节的道德规范。在他看来，法律规范的作用是有限的，而道德规范的作用是绝对的。孔子认为，在教育人们弃恶从善、消除犯罪动机方面，道德教化比刑罚更有效。

与孔子同时代的道家创始人老子，在犯罪原因和犯罪预防方面，提出了以下观点："民之饥，以其上食税之多，是以饥。民之难治，以其上之有为，是以难治。民之轻死，以其上求生之厚，是以轻死。"意思是说，民众遭受疾苦是由于统治者的租税繁多，民众不服从统治是由于统治者政令繁苛、喜欢有所作为，民众轻易冒死，是由于统治者为了俸养自己，把民脂民膏都搜刮净了。也就是说，人民生活困苦不堪以致引发农民战争，主要是由于统治者贪得无厌的剥削和压榨。关于犯罪对策的问题，老子指出："古之善为道者，非以明民，将以愚之。民之难治，以其智多。故以智治国，国之贼；不以智治国，国之福。"因此，他主张的是"愚民政策"，使老百姓清心寡欲，安分守己，从而达到预防犯罪的目的。

但是古代思想家们关于犯罪问题的论述大多散见于各类典籍之中，专门系统地探讨犯罪问题的著作从未出现过。在这种情况下，作为一门独立科学的犯罪学当然不可能出现。

二 新中国成立前犯罪学的发展状况

20 世纪初，随着资产阶级民主革命运动在中国的兴起，一大批仁人志士开始寻求救国救民的真理。西方的政治理论、哲学、历史、文化艺术、科学技术等被广泛地翻译与介绍到国内。我国的犯罪学研究就是从翻译、介绍西方犯罪学著作开始的。1922 年刘麟生率先翻译了龙勃罗梭的著作《犯罪人论》，1936 年许桂庭翻译了菲利的《实证派犯罪学》等。对西方犯罪学理论和著作的翻译与介绍极大地促进了我国的犯罪学教学与科研。20 世纪 20 年代末至 30 年代末，一些高等院校的法学院、法律系较为普遍地开设了犯罪学课程。一些学者在学习研究西方犯罪学理论成果的基础上，开始注重研究中国社会的犯罪问题，并且出版了一些犯罪学教材和专著。

这一时期特别值得一提的是我国著名的社会学家和犯罪学家严景耀先生。严先生 1928 年毕业于燕京大学，1934 年在美国芝加哥大学获得博士学位，1935 年回国后，任燕京大学社会学系教授，主讲犯罪学。1924 年，在读书期间，严先生深感当时社会动乱，犯罪问题严重，于是立志从事犯罪学研究，为中国犯罪学研究开拓新的领域。1927 年暑假，经学校介绍，他进入北京京师第一监狱体会"犯人"的生活，与犯罪人共同生活，体验监禁。在大量调查研究的基础上，他完成《北平犯罪之社会分析》（1928 年）、《中国监狱问题》（1929 年）

等多篇论文。《中国的犯罪问题和社会变迁的关系》是严先生在芝加哥大学读书时撰写的博士学位论文，1986 年由北京大学出版社正式出版成书。该著作建立在充分调查、扎实求证的基础上，虽篇幅不长，但内容十分丰富，涉及犯罪学基础理论、犯罪统计、犯罪类型、犯罪原因、犯罪预防等众多方面，时至今日仍不失其理论意义，是一部不可多得的珍贵文献。

总之，新中国成立前我国学者对犯罪学的教学和研究已经有了一个良好的开端，并且取得了一定的成绩，这是难能可贵的。他们在犯罪学教学和研究方面所取得的经验和成果在今天仍然具有一定的借鉴意义。

三 新中国成立后犯罪学的发展

新中国成立后，党和政府十分重视社会中存在的犯罪现象，并采取了一系列措施预防和控制犯罪的发生，取得了一定的成绩。

新中国成立初期，理论界曾结合我国当时的刑事政策、刑罚制度和改造罪犯制度，对犯罪现象、成因和对策等问题进行过一定程度的理论研究，为我国"刑法""刑事诉讼法"的研究和成立奠定了理论基础。但随后，由于法律虚无主义和"左"倾思想的影响，新中国犯罪学研究刚刚起步，即被迫处于停滞状态。这也使得新中国成立以后 30 年内竟然没有成立过一个专门研究犯罪问题的机构，更没有一所高等院校开设犯罪学课程；偶尔可见的几篇研究文章也侧重于分析犯罪的阶级根源，缺乏对犯罪原因客观而系统的分析。

党的十一届三中全会之后，随着思想的解放，我国刑事法律科学研究突破了许多禁区，学术研究空前繁荣，犯罪学研究应运而生。20 世纪 70 年代末至 80 年代初，我国青少年犯罪的现象十分严重，青少年犯罪率急剧上升，青少年犯罪占犯罪总数的 70% 以上，对社会的危害十分严重。这一问题引起了全社会的普遍关注。新中国的犯罪学就是从研究青少年犯罪开始的。1979 年 9 月党中央转发了中宣部等八个单位《关于提请全党重视解决青少年违法犯罪问题的报告》，要求社会科学研究部门和政法工作部门加强对青少年违法犯罪问题的研究，探究青少年违法犯罪的原因及其规律，以便更好地指导违法犯罪的预防工作。1981 年 9 月，中国社会科学院青少年研究所、团中央、公安部、司法部、教育部、最高人民法院、最高人民检察院等单位在青岛联合召开了全国研究青少年犯罪问题的科学规划会议，要求动员组织各方面的力量，以尽快改变我国青少年犯罪研究现状。会议以提高我国青少年犯罪问题研究水平为宗旨，制定并通过了新中国成立以来第一个全国性的青少年犯罪问题研究规划，明确提出要有组织、有目的地开展青少年犯罪问题的研究。正是在这种情况下，全国范围内众多理论工作者和实践工作者广泛开展了对青少年犯罪问题的调查和研究工作。新中国的犯罪学研究工作从此逐步开展起来，并得到了迅速发展。

虽然我国的犯罪学研究起步比较晚、发展时间比较短，但取得了显著的成绩。首先，犯罪学研究的队伍不断壮大。目前，全国已有一大批专门从事犯罪学教学与科研的教授、学者和专家，以及有志于从事犯罪学研究的司法实践工作者。他们具有一定的理论研究水平和专业知识，其中很多人还具有丰富的实践经验。理论工作者和实践工作者相配合，共同研究犯罪问题，共同促进我国犯罪学研究的发展，丰富了我国犯罪学研究的理论与实践成果。其次，犯罪学研究机构相继建立。最先成立的全国性的犯罪学研究团体，是 1982 年成立的中国青少年犯罪研究会。1992 年中国犯罪学会的成立，标志着犯罪学作为一门独立的学科，已经取得社会的共识，也标志着我国犯罪学的研究已经进入了新的发展阶段。其他一些专门的学术团体，如中国监狱学会、警察学会等，也积极从事犯罪学一些专门领域的研究，如犯罪改造研究、警察预防和打击犯罪等。一些政法实际工作部门和院校均成立了专门研究犯罪的机构。最后，犯罪学理论刊物相继问世，犯罪学研究成果丰硕，犯罪学教学得到了重视。目前，各政法院校和综合大学的法律系、法学院都较为普遍地开设了犯罪学课程。

我国犯罪学研究虽然取得了显著的成绩，但也存在不足，主要表现为：研究成果虽然数量众多，但质量有待提高，同时研究成果对于实践工作也缺乏参考意义。我国犯罪学研究在起步之时就不是专业人员的专利，研究者来自社会各个阶层、部门。这些研究者中不仅有就职于大专院校、科研部门、政法部门的相关人员，而且一些工会、共青团、妇联、教育部门的工作人员也参与到犯罪学的研究工作中来，在这种情况下，研究队伍就具有十分广泛的群众性特点。这一方面有利于犯罪学研究的繁荣和发展，但另一方面也导致了犯罪学研究成果大量低水平地重复。这种一定程度上的"虚假"繁荣反而限制了犯罪学研究的进一步发展。因此，要深化犯罪学理论研究，就必须遵循学术研究的基本规律，加强犯罪学研究队伍的建设和学科建设，改进犯罪学的研究方法，拓展犯罪学的研究领域，广泛开展国际、国内学术交流与合作，使我国犯罪学研究获得进一步发展的空间。

第二篇
对犯罪原因的解释：
犯罪学理论体系

第四章
犯罪学理论

第一节　犯罪学理论概述

犯罪学理论的主要目的是解释犯罪的原因。社会中为什么会存在犯罪现象、人为什么会实施犯罪行为，是犯罪学体系中居于核心地位的问题，对犯罪原因的不同理解，直接影响到预防和控制犯罪策略的制定。

犯罪是人类行为的一种，影响人类行为的因素错综复杂。不同的犯罪学家从不同的角度解释犯罪的原因，由于着眼点的差异，西方犯罪学理论对犯罪原因的解释大致可以分为三类：生物学理论对犯罪的解释、社会学取向对犯罪的解释以及心理学对犯罪的理解。这也是目前犯罪学研究中获得普遍认可的犯罪学理论。尽管这些理论的着眼点不同，但均是实证学派精神的发扬；这些理论均把犯罪行为视为自然界的现象，寻找与犯罪行为有关的因果关联。这些理论有着共同的内涵：①轻视自由意志在犯罪原因论中的作用；②肯定犯罪人与非犯罪人的差别。简言之，两种不同的人，在生理上、心理上、社会化过程中或生活的社会环境上，都有基本的差异。

理论上，各个不同的犯罪原因理论应该是互补的，均有助于解释犯罪，可目前形形色色的犯罪学原因理论却是互斥的，不同理论的构建者与支持者之间也存在一些争论。虽然各个犯罪学理论之间具有互斥性，但每一个理论都不能以对或错来衡量，其功能只能以其解释犯罪现象的能力来衡量。没有一个理论的解释力是全面的，如果有一个理论可以用来解释一切犯罪现象，那也就意味着该理论终究无法解释任何犯罪现象。因此，试图建立一个解释某种犯罪现象（如少年犯罪）的超大型理论模式，不具有太大意义。因为影响犯罪行为的因素繁多，一个可以完全包含这些因素的理论应该是无限大，而且无法说明的。同时，理论本身带有假定性，所以，一切理论都不能说是最后的定论，而应被质问和怀疑。

理论的形成，必须经过五个步骤：建立假设、搜集资料、分析资料、证明或推翻假设、获得结论。但有些犯罪学理论在形成之初，并未经过实证检验（如标签理论、差别接触理论），还有些理论本身无法验证，比如马克思犯罪学理论。在犯罪学理论发展的过程中，存在两种基本的犯罪理论。一种理论的依据是唯心的或超越尘世的解释论，另一种理论的依据是唯物的或世俗的解释论。科学理论是唯物解释论的一种。

(一) 犯罪的唯心论解释

唯心论认为很多事件都是另一世界的力量运行的结果，如原始人认为饥荒、洪水、瘟疫等灾难，都是对他们触犯上苍力量的恶行的惩罚，他们面对这些灾难的反应是举行宗教仪式和典礼来平息上苍的怒气。在中世纪的欧洲，刑事司法制度的开端是唯心世界观与封建主义的政治和社会组织结合的产物。犯罪所涉及的主要是私人事务，受害者及其族人享有复仇的权利，可以对犯罪人及其族人施以相等或更严重的伤害。由此产生的问题便是血亲复仇的不断延续，直至其中一个家族被彻底根除。为了解决这种问题，封建领主创立了由上帝来判定有罪无罪的方法，最初的表现形式是决斗裁判，因为他们认为上帝总会将胜利赋予无罪方，失败的家族将不存在向获胜方复仇的权利，血亲复仇就此终结。随后神明裁判出现，被告人将遭受困难和痛苦的验证，通过这种验证的无罪之人将不会受伤，而有罪之人将痛苦而死。神明裁判在1215 年遭到了教皇的谴责，被免罚宣誓审判所替代，被告人可以找 12 个声誉好的人以宣誓的方式证明他无罪，这种方法的理念基础是，人们因为畏惧上帝的惩罚，将不会在立誓后撒谎。免罚宣誓审判最后发展成为宣誓作证制度和陪审团审判制度。在犯罪的唯心论发展过程中，新大陆社会同时经历了三次严重的"犯罪浪潮"，都被认为是魔鬼造成的。其中最严重的一次发生在 1792 年，当时人们认为很多女巫侵入了他们的社会。直到今天，仍有一些信奉宗教的人士和群体将犯罪的产生归结于恶魔的诱惑。

（二）犯罪的唯物论解释

唯物解释论运用物质世界中的客观事物和事件来解释发生的事情。早期的唯物主义或世俗的解释论源于腓尼基人和希腊人。追溯他们的历史：希波克拉底认为大脑是思维的器官，提出了生物学上的解释；德谟克利特提出了原子为不灭的物质单元的观点，作为他对周遭世界进行解释的核心；苏格拉底、柏拉图、亚里士多德发展了统一论和连续论的观念。但所有这些解释论的基本要素依然是自然的和物质的。公元前 1 世纪，罗马人的思想完全受到了自然主义的熏陶，罗马法将希伯来人的唯心论与希腊人传统中的自然主义结合起来，作为刑罚和权利的自然主义的基础。在罗马法中，希伯来人的法律法令神授学说与希腊人的自然主义相融合，以"事物之本性"为基础体现出其正当性。后来，君权神授观以"事物之本性"为其主要正当依据，成为一项自然法原则。16 世纪、17 世纪，霍布斯、斯宾诺莎、笛卡儿、莱布尼茨等思想家，将人类事务当作与个人无关的、可以测量的自然科学事件来研究。现代社会科学继承了这种自然主义的研究重心。众所周知，在社会科学内部观点并不统一，尽管如此，这些观点至少还是具有共同之处的，即用自然的物质世界中可被观测的现象去解释事情。

（三）犯罪的科学理论解释

科学理论描述的是可被观测的现象之间的关系。例如，描述个人的生物特征、心理特征或社会特征与他们实施犯罪行为的可能性之间的关系，这种描述中的所有特征都可被观测，因此是科学理论的一种。科学理论的一个关键特征就是可被证伪。

在可观测的变量之间的关系方面，犯罪学理论关注其间的因果关系。科学理论中的因果关系应当符合四个条件：关联性、理论原理、时间顺序和未被证实为虚假。对因果关系存在的判断，往往是一种可能性的判断，而不是一种确定性的判断。例如，苛刻的、反复无常的管教手段可能会导致青少年犯罪而不是必然。虽然我们仅仅知道可能性，但这种可能性对于政策的制定来说是相当有益处的。例如，针对父母开设有效管教手段的培训班，可在将来减少青少年犯罪的可能性。

第二节　犯罪学的主要理论

由于犯罪学的科学理论繁多，本书选择重要且经普遍论证的犯罪学理论加以介绍并讨论。在当代西方各国获得普遍认可且影响较大的犯罪原因理论主要有：犯罪的生物学理论、犯罪的社会学理论和犯罪的心理学理论。

（一）犯罪的生物学理论

犯罪的生物学理论，继承了犯罪人类学派的衣钵。该理论认为，人之所以犯罪，主要是由于生物学的作用，由人天生的本能或者遗传因素导致。

弗洛伊德的本能论认为暴力或者攻击行为是人类的一种天性，不可避免。早期的犯罪人理论强调体貌特征是犯罪人的区别性标志，把犯罪人看作有点不同、不正常、有缺陷的人，认为其在生物学意义上是劣等的，生物学上的劣等造就了某些身体特征，这些特征使犯罪人区别于非犯罪人。意大利犯罪学家龙勃罗梭提出了天生犯罪人理论，在他早期的著作中，主要研究遗传等先天因素对犯罪的影响。作为意大利军队的一名医生，他对几千名犯人做了人类学方面的调查，并进行了大量的尸体解剖，通过对比活着的犯罪人和非犯罪人以及精神病人，发现已经去世的犯罪人中有显著数量的具有与原始野蛮人相似的特征。龙勃罗梭研究的与犯罪行为相关的身体特征包括：头部大小和形状的异常特征，面部的不对称，下颚与颊骨过大，不常见的大耳朵、小耳朵或者耳部在头部特别突出，嘴唇多肉，牙齿畸形，下巴后斜，毛发茂盛或者多肉多褶皱，上肢过长，多指或多趾症，或者大脑不对称。以上诸多特征多与灵长类动物，比如猴子或人猿相似。根据以上特征，龙勃罗梭将犯罪人分为五类，该分类具体将在第五章中展开描述。

遗传犯罪学解释论是生物犯罪学理论的重要内容，也是犯罪生物学理论的后续发展。这一理论承认遗传因素在犯罪心理形成过程中所发挥的作用。具体的阐述包括犯罪家族或退化家族、智力的遗传性、亲子相似性、双胞胎论、基因、内分泌失调、体型、中枢神经系统等。以上内容也将在第五章中详细介绍。

生物学派对犯罪原因的理论解释多种多样，有些理论研究有科学的佐证，影响深远。个体的某些生物学因素对其心理和行为的确具有一定影响，把犯罪行为的生物学因素作为犯罪的社会原因的补充是必要的，西方学者从不同角度对犯罪的生物学因素做出了有理有据的探索，这为预防犯罪和罪犯处遇提供了有价值的理论依据。

（二）犯罪的社会学理论

与犯罪的生物学理论不同，犯罪的社会学理论通过社会学理论来解释犯罪的原因，强调社会环境、社会结构，以及社会化过程中其他相关因素对犯罪行为的影响。20 世纪之后，犯罪社会学已逐渐成为犯罪学理论的主流。犯罪社会学所建立的理论不胜枚举，本书主要介绍较具代表性的理论：社会结构理论、社会过程理论、整合理论。

犯罪的社会结构理论主要包括冲突理论、紧张理论和亚文化理论。冲突理论又称社会解组理论，提出的背景是 20 世纪 30 年代美国传统中产阶级文化与其他少数种族的低阶层文化的冲突，该理论认为人们并不会违反法律，只是该行为人遵守了与主文化标准不同的行为准则。最具代表性的为芝加哥学派，该学派强调犯罪是由社会因素造成的，通过对城市犯罪的研究提出了城市发展的同心圆理论，提出犯罪是为了适应环境，犯罪团伙都集中在芝加哥闹市附近的住宅区，集团犯罪往往与职业犯罪相联系，犯罪的职业化加剧了城市社会的不安和紧张状态。之后，法国社会学家迪尔凯姆提出了迷乱理论，他认为，社会中的无规范或者缺乏规范的状态，造成社会越轨和自杀行为增长，社会缺乏对其成员有效的、必要的约束。之后，美国社会学家莫顿在此基础上进一步发展了迷乱理论，又称压力理论，认为犯罪是由文化结构与社会结构之间的不一致引起的。莫顿认为，成功地实现物质利益目标的过程，是通过合法手段获得进一步的教育，经过艰苦的努力，获得高收入的工作。既然社会为其成员规定了价值目标，又给他们提供了实现这一目标的手段，那么这一目标与手段之间就应当是一致的、和谐的。但一个社会不可能使所有人都能通过合法手段获得教育和高收入工作，所以有些人就选择通过违法手段，用犯罪来实现"成功"的目标。文化结构给人规定了明确的价值目标，社会结构却没有给每个人提供实现这一目标的合法手段，二者之间的矛盾就会引发一种社会失范的状态。该理论后来逐渐发展，形成了紧张理论、一般紧张理论和亚文化理论，这些理论将在第六章中具体展开论述。

　　社会过程理论主要探讨影响个人行为的各种社会、文化组织的关系及过程，研究人们与其所处社会环境互动的社会化学习过程中的因素引起的犯罪行为。首先，最具代表性的理论阐述是学习理论。有些犯罪学家认为，犯罪是社会学习的结果，代表人物包括塔尔德、萨瑟兰、艾克斯等。他们都强调犯罪是跟自己亲近的人学习来的。塔尔德的模仿理论是针对龙勃罗梭的生物决定论提出的，认为犯罪跟其他行为一样，要经过一段时间的学徒生涯，逐渐学习、训练和模仿。萨瑟兰进一步提出了系统完整的差别接触理论，学习的内容涵盖犯罪的动机、驱力、合理化与态度以及违反守法价值的观念，既包括行为的学习也包括观念的学习。之后，艾克斯等对差别接触理论进行补充，将操作行为理论整合到差别接触理论中，强调学习通过奖惩作用来实现，并将该理论命名为社会学习理论。社会过程理论的另外一个重要发展就是社会控制理论，包括最初的控制理论、社会纽带理论和自我控制理论。社会控制理论强调人为什么不犯罪，认为人们受到犯罪的诱惑是难免的，只要控制得当，犯罪就不会发生。控制理论的基本观点就是用控制的强弱来解释犯罪的产生。社会控制理论的发展将在第六章中展开阐述。

　　整合理论，顾名思义就是将犯罪社会学的各种理论进行整合，建立一个集各种理论之大成的综合理论。埃利奥特、休伊曾加和阿吉顿整合了紧张理论、控制理论以及社会学习理论来解释青少年犯罪；布雷恩韦特重新整合羞耻理论，吸收了标签理论、亚文化理论、机会理论、控制理论、不同交往理论以及社会学习理论来解释犯罪行为。这些将在第六章中具体阐述。

（二）犯罪的心理学理论

犯罪的心理学理论，是从个体的心理方面去寻找犯罪的原因，运用心理学的理论研究犯罪者的心理和行为。现代犯罪心理学研究包括精神分析学理论、精神病理学理论两个方面。

精神分析学理论的创始人是奥地利精神病学家弗洛伊德。他通过对精神病患者异常行为的研究，创立了精神分析学说。认为性本能冲动是犯罪的根本原因，人的心理由意识、前意识与潜意识三个部分构成，人格的结构也有三种状态：本我、自我和超我。人生来就有一种"潜意识罪恶感"，即性本能冲动，这种冲动很容易形成反社会倾向，由于反社会行为会给自己带来痛苦和灾祸，于是人们就压抑自我的本能冲动，遵循"超我"的道德规范，表现出合法的正常行为。

精神病理学理论认为，犯罪是由心理疾病引起的，主要包括智力缺陷、精神疾病，其中精神疾病又包括器质性精神疾病和非器质性精神疾病，具体内容将在第七章中展开阐述。

第五章

犯罪的生物学理论

学术界一般认为，犯罪学起源于 18 世纪中期，即从 1764 年贝卡里亚出版《论犯罪与刑罚》一书开始，但是，科学犯罪学的开端却是一百多年后 1876 年龙勃罗梭出版了《犯罪人论》一书。后者是第一本试图以实证方法解开人类犯罪原因的著作，与贝卡里亚提出的犯罪学在方法学上差异很大，这本著作彻底改变了犯罪学研究的性质。

第一节　犯罪生物学理论概述

在对犯罪原因的研究中，早期有一种超越世俗的解释，可以分为两个方面。

（1）原罪论。原罪论认为人们从出生开始就处于有罪的状态，人活着是为了赎罪，弥补其祖先犯下的罪。持原罪论者认为，这一原罪为人类与生俱来的骄傲与自私情感的罪恶本性，是人类一切罪恶的开端与根源。因此，即使没有之前的法律，罪也已经存在于世界上，预防犯罪的根本在于行为人自己，只有通过内在反省、培养自制力、清心寡欲、逐渐脱离物欲的诱惑等过程，才能远离犯罪。

（2）魔鬼论。魔鬼论认为，人的思想和行为都会受到个人以外的力量的控制。这一理论曾在历史上起过一定的作用。

第二节　本能论

最早提出本能论的学者是弗洛伊德（Freud Sigmund），他认为人类的攻击行为与暴力行为是由"本能驱力"产生的，他认为有两种相互对立的"本能驱力"控制人类的行为，他在其著作《享乐原则》中指出，人类具有"生存本能"以及"死亡本能"，前者指生存与生殖动力，代表爱与创造，包括自我防御的驱动力以及性驱动力，死亡本能遵循败坏与死亡原则，代表恨与破坏。

弗洛伊德认为，所有生命均源自无机的状态，死亡本能的最终目的是从有机状态回到早先的无机状态，即具有一种趋向于自我毁灭的本能冲动，这一冲动往往会转化成具体的破坏行为或者侵略行为。如果死亡本能的驱动力，在转向外界对象受挫时，则会转向有机体自身，导致自杀倾向，如严重的自责以及自我伤害等行为。

弗洛伊德认为，攻击行为与暴力行为是本能的反应结果，即使通过良好的教养和社会化，人类也无法完全消除攻击行为，所以矫治的希望非常渺茫。生物学家洛伦兹（Lorenz Konrad）在《论攻击》一书中支持弗洛伊德的观点，认为攻击行为是人类与生俱来的本能，与外在环境无关。这本书认为同类之间的攻击行为在生物界是一种非常普遍的现象，将动物伤害的行为区分为掠食行为和斗争行为，前者包含接近、攻击以及伤害被害者等行为，其目的是饱腹，是一种本能行为，该行为常常出现在各种弱肉强食的生物中；后者表现为结群而居的动物，会产生动物之间争夺食物、性伴侣以及领域的冲突现象，动物常常会通过斗争行为来解决冲突，此现象经常出现在动物之间权力阶级分化的行为中。虽然上述动物行为的特质不完全适用于人类，但是这些行为对于理解人类暴力成因有所帮助。人类学家阿德瑞（Robert Ardrey）也认为人类的进化和发展本来就跟使用武力及攻击行为有关，因为原始人必须通过使用武力来争取在恶劣的环境下生存。艾尼任（Etzion）在《暴力》中分析了暴力形成的有关因素。

（1）人性—生物理论：该理论认为暴力是人的本性，是正常的心理特征，也是一种天性或者一种生理倾向。

（2）挫折—攻击理论：该理论认为暴力是由"社会以及心理挫折"导致的，这些挫折包括有目的的活动遭受破坏，未能获得预期的报酬以及没有发展出安全的宣泄攻击的办法。

（3）社会学习理论：认为暴力是由社会化和社会控制来驱动的，攻击行为与一般行为一样，都是通过学习获得的，即使未经挫折，暴力行为也可能随时发生。

因此，本能论认为，暴力行为或者攻击行为是人类的一种天性，其发生是无可避免的，但是这种理论忽视了外在环境的影响。动物间的冲突方式，大多数属于机械性及自发性的刻板反应，人类之间的冲突方式，更多地受语言、思考、计划等较高等智能因素的影响。

第三节　犯罪人理论

意大利的龙勃罗梭在学术和职业领域有许多头衔。他是医生，也是精神医学和人类学教授，还是一位骨骼学家。他受达尔文提出的进化论和优生运动的影响，经过较长时间的研究，发现犯罪人身体上的"污名烙印"是个人不能适应现代社会生活的结果。他强调隔代遗传的观念，即犯罪人比同时期的其他非犯罪人更近似于人类的祖先猿猴，犯罪人可将犯罪基因遗传给下一代，或者通过隔代遗传的方式将遗传因子进行延续，这一过程使其子孙成为一个天生的罪犯。龙勃罗梭利用人类学的研究方法来研究死刑犯，想要了解违法者和正常人的身体特征是否具有差异，他认为从犯罪人的头盖骨中可以看到这种明显的生理标记，这种标记表明了尚未进化的特征。他将犯罪人的特征列举如下：

①头部大小与形状异于常人；

②脸部不对称；

③眼睛有缺陷或异常状况；

④过小或者向前伸的耳朵；

⑤有扁平而向上的鼻子的人容易成为犯罪偷窃者，有鹰钩鼻子的人容易成为杀人犯；

⑥肿大且向外凸出的嘴唇；

⑦袋状面颊；

⑧凸出齿系；

⑨下颚后缩，或特长，或特短，或扁平；

⑩皱纹多；

⑪过长的手臂；

⑫额外的脚趾或手指。

龙勃罗梭曾在军队担任军医，有机会研究军中犯罪的官兵或者被判死刑的军人的生理特征。他详细地检查了近万名服刑犯罪人和士兵的身体器官，得出结论：犯罪人在出生时就已经成为一个特殊的类型。龙勃罗梭到晚年时，开始渐渐重视环境因素对犯罪的影响，如生活环境、教育环境、气温的变化等。这一思想在他去世两年后出版的《犯罪原因及治疗》一书中得以体现，在此书中，他将犯罪人分为五种类型。

第一类是生来犯罪人。即犯罪人是前代祖先未完全进化的人群，龙勃罗梭估计这些人占所有犯罪人的 1/3。

第二类是含有犯罪因子者。这类犯罪人不会表现出生来犯罪人的生理特征，即无心智上的错乱现象。但这种人在情感和心智上的特殊结构会使其在某种特殊情况下做出犯罪行为。

第三类为心神丧失类犯罪人。这类人常常由于偏执、低能、白痴、早发性痴呆症以及酗酒等缺陷而犯罪，做出冲动型以及残忍性的犯罪行为。

第四类为激情性犯罪人。相对于生来犯罪人，他们通常表现出较为高贵的情操、廉洁以及利他主义。但是他们会伤害任何对他们不忠或者使他们颜面丧失的人，而且常在伤害他人后选择自杀。

第五类为偶发性犯罪人，也称假性犯罪人。

龙勃罗梭的发现对于犯罪学的解释做出了巨大的贡献，但是也受到一定的质疑。他的研究中只有犯罪人的样本，没有与之对照的正常人的生理特征，因此，比较犯罪人和正常人的生理特征是否具有显著差异，只能凭借研究者的想象。美国犯罪学家胡登（E. Hooton）针对人类的生理特征进行研究，他选择了两组样本，一组为犯罪人，来自马萨诸塞州看守所、男监狱感化院以及其他各州的监狱服刑人员；另一组为非犯罪人，主要来自消防队员、哈佛大学的学生及得克萨斯州的军人与黑人。研究结果发现两组人在形态上有如下区别：

①犯罪人有较多文身；

②犯罪人头发较密，胡须以及体毛较稀；

③犯罪人较多直发，较少卷发；

④犯罪人前额多呈低斜状；

⑤犯罪人鼻梁较高，鼻侧呈现起伏状；

⑥犯罪人多薄唇，额骨较短；

⑦犯罪人的牙齿多咬合不正；

⑧犯罪人的耳朵较多呈卷曲状，并且较小；

⑨犯罪人脖子较长、较细且较多为斜肩。

除了上述差异外，胡登又发现下述特殊现象，在此基础上，他建立了体型与犯罪类型的关系：

①第一级谋杀犯，多为离婚男性、劳工、文盲以及低文化程度的人，且直发居多；

②第二级谋杀犯，与第一级谋杀犯的社会属性类似，但是文化程度会稍微高一点，这类谋杀犯的鼻梁与鼻座较宽、嘴唇较厚；

③伤害犯多为离婚男性以及服务业从业人员，皮肤多为橄榄色，鼻梁较高；

④强盗犯中，已婚男性较少，工厂工人较多，皮肤多为橄榄色；

⑤盗窃犯没有特殊的社会属性，多为塌鼻；

⑥强奸犯多为离婚男性，其身体形态没有特别的特征；

⑦纵火犯多为残疾、智障、单身汉，外形上看多为红皮

肤、黑头发、眼球凸出的形态。

胡登认为，犯罪人是身体结构比较劣等的一个群体，犯罪为外在环境对这些次等群体冲击的结果。他认为高且瘦的人更容易犯杀人罪和抢劫罪；高且胖的人容易犯欺诈罪和伪造文书罪；矮小者容易成为盗窃者；矮胖者容易犯伤害罪、强奸罪以及其他罪行等；普通人则没有特殊的犯罪类型，可以犯各种类型的罪。

这一理论也受到了批评和质疑。其中，英国的医生查尔斯·戈林（Charles Goring）和统计学家卡尔·皮尔逊（Karl Pearson）运用统计学方法，将 2000 位受刑者和牛津大学及剑桥大学的学生、医院的病人等进行比较，观察受刑者身体特征上的差异性是否在统计学上表现显著，该研究结果与龙勃罗梭的生物学观点不相符。此外，戈林等人将服刑者的脑部、眼睛、头发以及手臂等身体特征与非受刑者进行比较，发现得出的研究结果在统计学上并未达到显著水平，从而认为受刑人仅仅是遗传基因较为恶劣的人，与身体外表特征没有直接关系。

尽管如今看来，龙勃罗梭从生理特征方面解释犯罪人的方式令人觉得过于简单、天真，但是他对犯罪学的贡献毋庸置疑。他是一位开拓者，他的理论大大推动了犯罪学的科学研究，在犯罪学研究上具有不可磨灭的贡献。他最大的贡献在于将科学的方法引入犯罪研究，使犯罪学研究脱离了当时传统的玄学、法律、司法的解释角度，开辟了以科学的方法研究犯罪人和犯罪行为的新道路。

第四节　遗传犯罪学理论

很多研究表明遗传与环境因素对人类行为的影响具有相关性，但是在具体的内在关系中，遗传因素与环境因素谁轻谁重，仍然存在争议。部分学者倾向于支持环境以及后天的学习是人类行为的主要原因，还有一部分学者认为遗传是人类行为的根源。

遗传生物学主要受到英国生物学家达尔文（C. R. Darwin）的进化论的影响。1859 年，达尔文出版了《物种起源》一书，1871 年又出版了《人类起源及性的选择》一书。这两本书的出版在学术界引起巨大的反响，点燃了研究者以科学的方法来解释人类行为秘密的热情。达尔文认为，物种的进化是通过后代发生的自然变异现象形成的，如自然选择淘汰、基因飘移等。在这一过程中，有些人会朝着优异的方向进化，但也有些人会朝着退化的方向趋于毁灭，具有退化趋势的家族，被称为"犯罪家族"或者"退化家族"。

一　犯罪家族或退化家族

美国学者道格戴尔（R. L. Duggdale）在《朱克家族：对

犯罪、贫穷、疾病与遗传的研究》一书中，描述了朱克道德堕落家族的犯罪史。在这一家族中，朱氏的祖先马克斯（Max）是一个懒惰且不负责任的猎人、渔夫与酒鬼，晚年失明。他有多个子女，其中，一个儿子娶了另一家姓朱克的六姐妹中的一个，叫爱达·朱克，这位女士在当地被人称为"犯罪之母"。1874年，马克斯共有后代709人，其中，有540人有朱克家的血统，包含180名接受救济的贫穷者、140名犯罪人。在这140名犯罪人中，60人是惯犯，7人为杀人犯，40人是性病患者，50人是卖淫者，30人被指控为私生子，等等。在709名马克斯后代中，没有一人接受过高等教育，仅有20人经商中，而其中有10人最终进了监狱。

此外，美国学者艾斯塔布鲁克（A. Estabrood）也对朱克家族进行研究，并出版了《1915年的朱克家族》一书，他在道格戴尔的研究之外，又找到了另外715名后代。他发现其中有170名是贫穷者，118名是犯罪人，378名是卖淫者，86名是妓院老板和许多类型的偏差行为者。这一犯罪家族史，证明了遗传学的特殊生物特质。

美国学者郭连德（H. H. Goddard）对贾里加家族（The Kallikak Family）进行研究。贾里加为英国世家之子，在美国独立革命时参加军队，战前与一位智力较为低下的女子结婚，战后又与一位智力正常的女子结婚。结果发现，在其与前妻的480名后裔中，仅有46人智力正常；此外，有36名私生子，

33 人为妓女，24 人为嗜酒者，83 人在年幼时夭折，3 人为重犯，8 人成为妓院老板。而其与后一位智力正常妻子的后裔共有 496 人，其中，2 人酗酒，1 人为无业游民，其余皆为普通人。

然而，道格戴尔认为，犯罪产生的原因并非完全受遗传缺陷的影响，不能用单一的因素来解释，因为环境作用也是重要的影响因素。

法国人类学家德斯皮娜（P. Despine）描述了克雷蒂安家族（The Chretien Family），法国学者奥布里（P. Aubry）介绍了凯落姆格家族（The Keromga Family），麦卡洛（R. O. McCullough）描述了伊斯马利家族（The Tribe of Ishmael）等，研究内容大多阐述不利的犯罪遗传因素以及生活环境因素对后代发生犯罪行为的影响。

二 智力低下的研究

美国心理学家郭连达（H. H. Goddard）对智力低下的遗传情形加以研究并出版了《卡利卡克家族：关于低能的遗传性研究》一书。他在书中描述了在卡利卡克家族约 480 名后代中，有 143 名智力低下者，智力正常的只有 46 人。

郭连达认为，犯罪与智力低下都属于退化状态，智力低下是由隐性基因导致的，每个智力低下者都是潜在的犯罪者，其最终是否成为犯罪者，取决于个人的特质以及他与周围环境的互动，如果此人是具有神经质以及冲动性格的人，那么当他处于不良环境中时，就非常有可能成为犯罪者。针对这类群体所进行的预防，可以通过强制优生学或者医学检查来实现。

此外，犯罪学家萨瑟兰（E. H. Sutherland）对心智缺陷与犯罪的相关性进行研究，得出以下结论：

①被诊断为智力低下的少年犯罪者所占比例呈稳定下降趋势；

②不同学者研究显示的智力低下的少年犯罪者在全部犯罪人中所占比例不同；

③智力低下是青少年犯罪的主要原因，这一点并没有得到实证研究的证明；

④智力低下者在社会总人口中所占比例呈上升趋势，但在犯罪人总数中所占比例呈下降趋势；

⑤智力高低与犯罪人被判处假释与否没有必然的关系；

⑥智力高低与是否构成累犯也没有必然的联系；

⑦犯罪类型在一定程度上会受到智力的影响。

三　亲子相似性研究

格林认为犯罪是遗传的结果，通过研究父母与子女之间相似性的相关程度，将犯罪者父子之间相似性的相关系数和兄弟之间相似性的相关系数进行比较，结果发现，前者远远大于后者，从而证明了他的假设。此外，格林还用了部分相关方面的技巧，证明了犯罪与特殊环境因素之间的关系，这些环境因素包含酗酒、经济水平较低、学习障碍（学习能力不足）等，结果表明，犯罪行为与这些因素之间具有相当密切的关系。

四　双生子和被领养者的研究

德国精神学家兰格（J. Lange）是最早研究双生子与犯罪行为之间关系的学者，之后又有士顿佛（F. Stumpn）、克兰茨（H. Kranz）等学者从事相关研究。兰格调查了一些德国监狱中的男性服刑者，著有《作为命运的犯罪：犯罪双生子的研究》一书，他研究了30对男性双生子，其中有13对是同卵双生子，17对是异卵双生子。研究结果发现，在同卵双生子中，正在服刑的服刑者，其双生兄弟也曾经有过犯罪行为，但这种情况出现在异卵双生子中的概率较低。13对同卵双生子中，双方都有监禁记录的共有10对，犯罪一致性为77%；但在异卵双生子中，双方都有监禁记录的只有一对，其犯罪一致性只有12%。

兰格还以各方面都十分类似的年龄相近的普通兄弟为研究对象，共选择了214对。他发现兄弟之间犯罪一致性只有8%，且双方在犯罪种类、犯罪次数、犯罪手段以及在监狱中的表现等方面较为一致，但这一研究结果受到了下列质疑：

①研究样本不足，导致该结论的解释力不足；

②部分样本来自精神病院，这些样本中精神因素的影响通常大于遗传因素；

③样本中大多数同卵双生子来自相同的环境，无法确认环境在犯罪行为中的影响力有多大；

④同卵双生子之间的相似性，也可能发生在异卵双生子之间；

⑤同卵双生子与异卵双生子之间的区分也可能存在错误；

⑥同卵双生子也有遗传上的差异性；

⑦如果遗传因素是犯罪行为的决定性因子，那么不应该存在犯罪的不一致性。

丹麦学者克利斯田森（K. O. Cristiansen）也对双生子与犯罪的关系进行了研究。他利用官方资料找出丹麦从1881年到1910年出生，且共同生活至15岁的所有双胞胎，共6000对。一方有犯罪记录的男性同卵双胞胎有67对，其中，两兄弟均出现犯罪现象的有24对，即在男性同卵双胞胎中，一方如果有犯罪记录，另一位兄弟发生犯罪的可能性有35.8%；但是在异卵双生子中，这种可能性只有12.3%，即114对中有14对。对女性的研究发现，这种可能性分别为21.4%和4.3%。

克利斯田森认为同卵双生子的生活环境比异卵双生子的生活环境更加相似，同卵双生子彼此之间更为认同，更加信赖，在交友、就业以及对他人的态度等方面均较一致。相比之下，异卵双生子的一致性较低。

还有一些学者对被领养与犯罪之间的关系进行研究，从而讨论基因与遗传对犯罪的影响。如果行为属于遗传结果，被领养者与其亲生父母的行为相似性大于其与领养父母的行为相似性。苏乐辛格（F. Schulsinger）找出 57 位具有反社会人格倾向的被领养者，又以配对的方式找出 57 位没有反社会人格倾向的被领养者。结果发现，14.4% 的具有反社会人格的被领养者的亲生父母或者亲戚也有类似的越轨行为，但是在对照组中，这种情况的发生率只有6.7%。

五　基因的研究

染色体是一种动植物细胞核内含有遗传物质的细胞，动植物的每个细胞内都有一定数量的成对的染色体。这种染色体包括两种类型：常染色体和染色体。前者主要控制除性别以外的所有遗传特征，每个细胞中有 22 对；后者主要控制性别遗传，是性别中的第 23 对染色体，男性为 XY，女性为 XX。

最早将性染色体与犯罪的相关性进行研究的是英国学者杰克斯（P. A. Jacobs.）及其同事，他们研究 XXY 染色体异常的男性。这种染色体异常被称为"克兰菲尔综合征"（Klinefelter's Syndrome），也被称为"先天性睾丸发育不全症"，其主要特征是睾丸微小、无法制造精子、性成熟较晚、第二性征不明显、四肢修长，有时还会出现女性乳房等。具有这一症状的人在心智障碍、酗酒以及同性恋倾向方面占比较高。这种染色体异常的现象大约占 1.5‰。杰克斯在对苏格兰精神病院的患者进行研究时发现，精神疾病通常与 XXY 染色体有关，具有这种染色体的人有较高的色情性以及暴力性犯罪倾向。此外，凯西（M. D. Casey）等人对 XYY 染色体加以研究，结果发现，具有这种染色体的人在犯罪者中占有极高的比例。研究结果具体如下：

①暴力性犯罪倾向者中性染色体异常者所占比例明显比行为正常的人高，性染色体异常者在普通人中所占比例为 1‰，在暴力性犯罪倾向者中所占比例为 35‰；

②驳斥了环境决定论者所指出的，犯罪由社会及家庭所导致的论点；

③这种类型犯罪人的初次犯罪年龄一般比普通人要小；

④在矫正机构中发现，具有这种染色体的人最常发生的犯罪行为是性犯罪。

然而，并不是所有具有异常性染色体的人都会产生犯罪行为，这一现象促使很多学者对该问题进一步研究，发现粒腺体可能是引发暴力性犯罪的主要原因之一。

六 内分泌失调的研究

人体中分布着一些内分泌腺体，其分泌物被称为激素，也叫荷尔蒙。激素直接进入血液及淋巴结，通过血液循环进入身体的各个部分，对身体的各个器官及组织的活动具有促进和调节作用。史密斯（E. G. Smith）等人指出，内分泌失调会通过大脑与中枢神经系统影响个人的脾气、行为、选择，进而可能导致越轨行为的发生，即犯罪可能是荷尔蒙分泌失调导致情绪起伏的结果。美国学者柏曼（Louis Berman）对纽约州一个监狱中的 250 名服刑人员进行研究，他将纽约州的普通市民作为控制组，发现服刑人员内分泌腺存在问题的概率是控制组的 2 ~ 3 倍。

同时，也有学者持不同意见。例如，莫里特（Molitch Matthew）对新泽西州"青少年之家"所做的研究发现，青少年犯罪者的内分泌腺体分泌情形与正常青少年之间没有很大的差异；洛基和瓦尔斯（Rowe A. W. 和 Waters M. V.）对美国马萨诸塞州妇女矫正所的 100 名犯罪者进行研究，发现其腺体功能是否异常与犯罪行为之间没有明显的相关关系。

后来又有部分学者选择从月经、睾酮等方面去思索与犯罪行为之间的关系。由此可以看出，内分泌腺与犯罪之间的关系仍然存在一定的争议。

七　体型的研究

很多研究犯罪的学者认为个体的体型与个人性格、性情之间存在密切的关系，进而与犯罪行为有关。德国的生理及精神医学者克雷池母（Ernst Kretschmer）将人类的体型分为四类，每种类型具有各自的性格特征以及犯罪倾向。

（1）肥胖型。这种体型的人身材圆厚、多脂肪、手足粗短、外向、善于与人相处。这种类型的人不容易产生犯罪意识，即使做出了犯罪行为，大多数情况下触犯的也是欺诈罪，累犯很少，容易再社会化。

（2）瘦长型。这种体型的人身材瘦长、手足长且细、性格内向、喜欢批评、多愁善感。这类人容易犯盗窃罪与欺诈罪，且在累犯中，瘦长型占大多数。

（3）健壮型。这种体型的人健硕强壮、肌肉发达、活力充沛，具有爆发性性格。这类人容易发生暴力财产犯罪行为（即为获取财产而使用暴力的犯罪行为）以及暴力性犯罪行为。

（4）障凝型。这种体型的人身体发育不正常或者有生理障碍、身体残缺以及畸形，性格较内向。这类人多易发生性犯罪行为。

哈佛大学的人类学家雪尔顿（Sheldon）根据胚胎学的观点，认为人类生命始终是由三个不同层次的胚胎构成的，最里面为内胚叶，中层为中胚叶，最外层为外胚叶。内胚叶主要负责消化器官的发育成长，中胚叶负责肌肉以及骨骼组织的成长，外胚叶负责神经系统、皮肤及其附属器官的发育成长。由于各部分成长情况不一致，雪尔顿构造了一个相对应的"体型说"，其主要内容见表5-1。

表5-1　雪尔顿的"体型说"内容概括

体型	性情	犯罪率
矮小粗壮型：消化器官良好，肥胖，四肢逐渐向身体内部缩小，肌肤平滑	全身疏通，喜好柔软事物，是一个外向者，活跃好动，走路、谈话、行动均显得独断而有攻击性	中
斗士型：肌肉、骨骼健全发达，四肢强壮、胸部饱满，手及手臂大而有力	活跃且好动，走路、谈话、行动均显得独断而有攻击性	高
瘦弱且纤细的身体：骨骼微小，肩膀下垂，脸小，鼻尖，细发，身体肌肉少	内向，容易疲倦，敏感，身体功能不正常，对噪声敏感，不易合群	低

雪尔顿指出，体型不是绝对的整体，而是有程度和倾向之别。之后，萨瑟兰（B. H. Sutherland）以及格鲁克夫妇的研究也都验证了这一论点，"体型说"具有较多的实证研究支持，但是也存在以下一些质疑。

（1）个人体型可能会随着环境与年龄的改变而变化。在某种环境下，或者在年轻的时候，一个人的体型可能是瘦长型，可是到了中年，由于环境、生理、心理等因素的改变，可能成为肥胖型，但是人的性格却改变较少。在这种情况下，很难通过一个人在某一时期的体型去预测一个人的性格及其犯罪倾向。

（2）虽然某种体型可能与其性格特征有关，但是其中的因果关系还存在争议和不确定性，是体型决定了人格特性，还是人格特性决定了体型，均没有一致的结论。如果体型可以决定人格特性，那么将犯罪者养胖就可以大大减少犯罪事件的发生了。

（3）犯罪者之所以会犯罪，除了其自身的因素之外，也不能忽视外界环境因素对其产生的影响。

八　中枢神经系统的研究

犯罪生物学者希望从动物社会行为研究的成果方面着手，将研究结果应用到对人类行为的解释上，即研究人类行为的生物因素。犯罪生物学者普遍认为，人与人是不平等的，且具有不同的学习能力，并非每个人都具有相同的成就和未来，因此每个人也就无法承受相同的社会力量的控制。从个体角度来看，每个人的生理组织均具有潜在的学习能力，通过与社会环境的互动，生理组织的学习效果可能会受到限制或者提升。

犯罪生物学者杰弗里（C. R. Jeffrey）认为，人类行为是个体的基因密码与社会环境相乘的结果，基因密码和大脑密码本质上均属于生化作用。生理器官显现出来的行为由行为人受到的外在环境的刺激，以及该刺激如何被大脑以及中枢神经编码、传导和解码来决定。

　　总之，在理解生物学对犯罪行为的影响的同时，不应该忽略社会等外在环境对犯罪的影响。目前，生物学派受到的指责较多，多数反对者认为其研究方法不够严谨，研究设计以及样本的选取有所缺失和不足，导致犯罪生物学理论的应用较为狭隘，但是犯罪生物学仍为人们研究犯罪学提供了很多新的方法和思路。

第六章

犯罪的社会学理论

犯罪的生物学以及心理学理论主要强调人与人之间的差异性，犯罪的社会学理论的研究目的是探究犯罪行为与社会文化环境之间的关系，希望通过社会学理论来解释犯罪产生的原因。以社会学为基础的犯罪学理论，旨在强调社会环境和结构以及社会化过程对犯罪行为的影响。20 世纪之后，犯罪社会学已逐渐成为犯罪学理论的重心，主要原因如下。

（1）犯罪在地域上的分布引起研究者的兴趣，从而引发了犯罪社会学研究的热潮。例如，为何某些区域的犯罪率高于其他区域？为什么某些区域有较高的暴力犯罪率，有些区域则有较高的盗窃犯罪率？这些问题是生物个体的犯罪学理论无法解释的，必须借助犯罪的社会学理论。

（2）了解社会变迁对犯罪的影响，有助于解释从农业社会到工商业社会犯罪率的变化，以及科技进步对犯罪的影响。

（3）探讨社会团体之间的关系对犯罪的影响，也促进了犯罪的社会学理论的兴起。比如社会阶级、少数团体、性别、种族等与犯罪的关系。

一般来说，社会学家不把犯罪当作个人的异常反应或者个人的病态反应，也不认为犯罪现象会在更公平、更正义的社会里彻底消失。从社会学的角度来看，犯罪行为是个人为调整环境压力所做出的反应。

首先在这一领域进行探索研究的学者是马克思和迪尔凯姆，他们认为社会经济结构和环境会引起有犯罪倾向的人选择犯罪；费利（Enrico Ferri）在 1881 年出版的《社会犯罪学》（*Criminal Sociology*）一书中，首次提出如何用科学的方法研究犯罪人的社会因素，并针对犯罪预防提出相关对策。

在此之后，很多学者从社会结构、社会制度、社会变迁等方面出发，试图探讨、描述以及解释犯罪的原因，从而寻找合适的犯罪预防对策。本章节从上述观点出发，逐一论述犯罪学理论，以帮助读者理解犯罪产生的社会因素。

第一节　社会结构理论

一　冲突理论（社会解组理论）

雪林（Sellin）在《文化冲突与犯罪》（*Culture Conflict and*

Crime）一书中探讨文化适应与犯罪行为的关系，书中阐述了在以刑法为主的文化环境下行为规范的表现，犯罪可能产生于传统中产阶级文化与其他少数种族文化冲突的结果之中，两种文化由于内涵的差异而产生冲突。

雪林认为，法律是不断变迁的概念，过去被认为是犯罪的行为，现今可能变成合法行为；在某些地区被认为是违法罪犯的行为，在其他地方可能被视为合法行为。因此，他认为，若一个人因违反法律规定而做出的行为就被称为犯罪行为或者偏差行为，这种做法忽略了现代社会规范的多元性和异质性。因此，在研究犯罪行为的问题时，犯罪学学者应当避免采用法律的定义去看待犯罪行为。

在此基础上，他以日常社会生活中的行为准则来进一步解释犯罪行为和偏差行为及其产生的原因。在多元社会中，一个人不隶属于某一个团体，而隶属于家庭、社会以及朋友等多元化的社会结构，因此，规范之间的冲突成为现代社会中不可避免的现象，遵从一个团体的规范就可能违反另一个团体的规范，且行为者可能不认为自己的行为违反了法律的规定。因此，在雪林的犯罪副文化理论中，人并不会违反法律实施犯罪行为，只是他遵守了一套与主文化标准不同的行为准则。

雪林还指出，肖（Shaw）和麦凯（Mckay）的社会解组理论，即芝加哥犯罪区位研究是文化冲突的最佳论证。

　　社会解组理论是美国最早发展起来的社会学理论之一。在犯罪学的意义上，社会解组理论的重要贡献是犯罪具有区域性差异。该理论提出了解释各区域/地区在犯罪率上存在差异的因果模型。即居住在高犯罪率区域的人，内化区域内犯罪副文化的价值体系，使他的行为与外在的传统文化相冲突。新移民会受到其母国文化与美国行为规范的约束，两者容易发生冲突，而产生犯罪行为。社会解组理论建立在迪尔凯姆的论点上，该理论认为快速的社会变迁导致社会控制力量的崩溃，促使犯罪率的增长。

　　社会解组理论认为，社会秩序、社会稳定和社会整合有利于大家遵守公认的社会行为准则，无秩序、社会分裂可能造成犯罪行为和越轨行为。一个团体、一个社区、一个社会的团结性越差、凝聚力越低、整合性越小，犯罪率就越高。社会解组理论的两位重要学者——肖和麦凯认为，一个开放的、有竞争力的房地产市场，使人们可以自由选择居住的地方，一个城市中的某些地区比较适宜人们居住，有些地方则不适宜。较为适宜人类居住的地区，其居民居住的稳定性会相对较高；不适宜人们居住的区域，其居民的流动性比较高。因此，不同地区之间，邻里对彼此的约束力的强弱也会不同。在稳定性较高的地区，邻里相识，彼此之间的控制力较强；在流动性较高的地区，邻里之间很多不认识，相互之间的控制力比较弱。因此，在不同地区内居住的未成年人的犯罪率也会有所差别。

　　肖和麦凯指出，低收入人群多、种群差异性大、人口流动率高是造成一个社区出现解组的三大结构原因，也是犯罪率高的重要原因。通常，如果一个国家或者地区的低收入人群多，种族差异大，那么这个国家或者地区通常正在经历着快速的工业化、都市化等过程，这些特点是该国家或者地区犯罪率升高的关键因素。社会解组理论提出这些主张，为日后犯罪学家研究未成年人犯罪、团伙犯罪以及亚文化理论提供了一个重要的起点。

　　20世纪20年代的美国正在经历着快速的社会变迁和城市的大幅度扩张，第一次世界大战使美国的经济得到了全面的发展，农业、工业生产开始了全面的机械化、科技化，大规模、高效率的生产需求，因交通运输和通信系统等方面的技术革新而得到满足，这些发展促使商业组织进一步向趋于垄断、兼并和控制工业生产的方向发展。

　　芝加哥学派认为，任何改变都会导致更多的改变。农业机械化之后会有大批农民失业，然后被迫到都市谋生，这会导致这些农民需要和外国移民一起在城市里生活。当时，美国的城市中有很多在第一次世界大战期间就开始工作的女工，还有从美国南部农村到北部、西部工业区打工的黑人，这些移民居住在城市中，使城市生活发生了新的变化。这些快速的社会变迁及其造成的都市问题，是芝加哥学派发展的社会背景。在此期间，美国经历的社会变迁和城市扩张为芝加哥学派的兴起铺平了道路。芝加哥学派出现在 20 世纪 20 年代，其观点出现在芝加哥大学的社会学家的著作中，也因此而得名，芝加哥学派强调犯罪是由社会因素造成的，在这一点上，古典学派和病理学理论都只强调犯罪的个人原因，这是芝加哥学派与以往理论存在的很大不同。

芝加哥学派与以前凭借感情、凭借臆测或者以改革社会病理问题为导向的学派不同，芝加哥学派的学者认为，社会学理论必须以社会生活为依据，理论应建立在严格且科学化的调查研究基础上，仅凭空想象或者逻辑推理是不够的。为了实践这个主张，芝加哥学派的学者根据其提出的一套自然的社会因果推论模式，认为犯罪是快速社会变迁的自然的副产品，一个社会在极短的时间内经历巨大的改变，必然会打乱正常的秩序，造成犯罪率升高。

（一）都市生态学与犯罪

芝加哥学派对城市生态进行了很多研究，Park、Burgess 以及 McKennize 等人专门研究邻里结构、穷人的社会问题以及如何减少城市问题等，并在研究的基础上提出了城市发展的同心圆理论。同心圆理论认为，城市发展不是随机的，而是有规律的，这种规律表现为，城市的发展类似于一个环状区域，随着城市的发展，环状区域由中心的商业区向四周辐射；紧挨着商业区有一个过渡区，在这个区域内，住房便宜简陋，紧邻老旧的工厂，居住环境极差。虽然过渡区环境不

好，但是仍然有源源不断的人住进来，因为穷人、新移民的
经济条件有限，没有能力去条件好的社区，所以别无选择，
只能住在便宜简陋的区域。作为人们最不希望住进来的区
域，过渡区必须要忍受一拨又一拨经济能力弱的新的移民，
居民之间相互不认识，人口流动性高，居民也不主动关心社
区问题。在过渡区内，这种社区生活削弱了家庭和邻居之间
的关系纽带，导致社会解组现象。社会解组成为过渡区区域
内各种社会病态的根源，犯罪行为和未成年人的越轨行为均
成为这些区域的社会问题的表现形式。肖和麦凯利用芝加哥
学派的思想来研究未成年人犯罪问题，开创了对未成年人犯
罪进行实证研究的新领域，也开了犯罪学为政府提供政策建
议的先河。

　　都市生态理论将城市比作动物、植物等类似自然生态类的
社会有机体。在城市中，人与人之间充满了共生关系，特定地
区也会经历生态环境中像植物群体一样的统治、入侵、取代等
过程。例如，根据都市生态理论的观点，每个区域内都有居于
"统治"地位的居民，当外来移民不断进入这个区域时，就产
生了对这个地区的"入侵"现象。因为外来人口的涌入，原
本占统治地位的居民逐渐搬迁，使原本是外来居民的群体成为
该区域新的"统治者"。不久之后，新一轮的移民又开始"入
侵"，逐渐取代"统治者"，成为新的"统治者"，这样一拨又
一拨地进行着社区的"取代"。

　　肖和麦凯使用上述芝加哥学派类似生态学的概念来分析未成年人的犯罪问题。他们认为，从生态学的观点来看，人类的特性中包括遵守规范、守法、尽量符合群体的期待，但是人们的行为会受到他们所处社会环境和生活环境的影响。芝加哥学派的社会学家认为，人类的行为是相对的，这个观点暗示了人的自由意志与行为自由是有限的。这种有限的自由主张，后来也被大部分的犯罪学家所接受，学者们普遍认为人类不像自己想象的那样完全是自己主宰自己的行为，自由意志受到社会条件的限制且会有很大的局限性，这种观点被应用在解释未成年人的犯罪方面，犯罪行为有犯罪人根据自由意志理性选择的一方面，也有受到社会条件限制的另一方面。

　　社会是人们在各个地区的集合体，由居住在该地区的居民结成一张人际关系网络。文化冲突的多元化观点与犯罪的关系，在"争地盘"的概念中有所体现，这些早期人类生态学家的主张，反映了人类生态学家对主流价值观的接受，代表了他们想要放弃旧思维的意图，体现出在文化上和组织上支配其他人所做出的努力。

（二）犯罪是为了适应环境

　　社会解组理论的基本观点是，每个地区居住的人口的特质与犯罪率之间具有密切的关系。社会解组的概念包含两个层面：一个层面是正式、非正式的常规和制度上的约束已经崩溃；另一个层面是社区结构无法使居民形成一个共同的价值体系。

在大城市中，很多贫民区在社会、文化以及经济等各方面都处于弱势的地位，因此贫民区的犯罪率特别高。居住在贫民区的居民之所以会犯罪，并不是因为他们在生理或者心理上有任何的不正常，而是因为这些犯罪行为只是正常人对非正常环境所做出的正常反应。不正常的是人们所处的环境，而不是居住在环境中的人。这些区域中恶劣的社会条件会导致犯罪的产生。犯罪行为在这些区域中因为恶劣的社会条件而产生，这种形态逐渐形成文化惯性，一代一代地延续下去。现代社会的工业化、都市化与其他的社会变迁破坏了原有的社会秩序与社会价值，造成了社会解组。这些宏观的社会发展过程导致了区域整体犯罪率的提升，使犯罪率的提升完全独立于居民个人的犯罪倾向。社会解组理论回答了一个基本问题，即为什么每个地区的犯罪率会有所不同，其并不是因为每个人的犯罪倾向不同。

法国统计学家格雷（Gureey）和比利时数学家兼天文学家凯特勒（Quetelet）两位学者首先观察到气候、人口数量、贫穷与地理环境等因素会影响各地的犯罪率的分布，但是他们没有提出一套解释这些现象的社会理论。美国芝加哥学派的都市生态理论启发了肖和麦凯，在这个理论的基础上，他们以法院的犯罪统计资料为基础，通过分析研究，试图找出整个芝加哥市区内各区域犯罪率的分布情况，同时利用这些资料测试人类生态学假设的效度。他们发现城市中的过渡区是所有区域中犯罪率最高的地方，犯罪率的高低与区域的富裕程度成反比，与离市中心的距离相对应。因此肖和麦凯认为，犯罪是社会解组、形成犯罪环境的过渡区的必然产物。

社会解组理论认为，贫困区的人口增加、人口流动性提高、族群异质性加大，都可能促使该地区的犯罪率提高。社区内的社会控制机构难以发挥功能，是因为居住在这种地区中的居民通常对社会福祉漠不关心，一有机会或能力就会立刻搬离。在这种情况下，区域网络无法建立，或者不断改变，那种产生于社区的非正式的社会控制的邻里之间的亲密关系很难建立起来。种群差异妨碍了居民的沟通，阻碍了社区问题的解决。一旦正式或者非正式的社会控制力减弱，社区居民便开始不受传统规范的约束，犯罪变得容易，地区的整体犯罪率便会随之提高。

（三）社会解组理论的应用

社会解组理论的提出为犯罪学界对青少年越轨行为的研究指明了新的道路，因此，在肖和麦凯提出这一理论后，很多学者对此进行了实证研究和测试。Schmid 在 1928 年的研究中，将政府的紧急救援行动次数、当铺的数量、职业介绍所的数量、妓院的数量以及杀人案件当作社会解组理论的指标。另一位学者 Lander 在 1954 年的研究中认为，未成年人犯罪就是社会解组理论的指标之一。

在犯罪学研究中，通常将三种结构因素作为社会解组理论的自变量，即经济地位、种群差异以及居民流动率，这些测量经过了很多年的研究，其精确度和可信度已经大大提高。Heitgerd 和 Bursik 1987 年对社会解组理论的测量就可以说明这一点。这两位学者利用长期追踪的调查资料来测量"社会解组"这个概念时，使用了四个变量，这四个变量分属社区的内部动力和外部动力两大类。前者包含社区内住宅、种群、居民流动率。"住宅"是隐藏变量，目的是测量社区的经济福利和拥挤程度。两位学者利用三项指标来对这一变量进行测量：住宅自主率、失业率、房间平均居住超过一个人的家庭比例。"种群"以该地区非白人与外国移民所占比例的余数为测量指标。"居民流动率"指本地 5 岁以上且居住在此地超过五年的人在总居民数中所占的比例。外部动力以邻近地区非白人人口所占比例的平均值为测量指标。该研究可以发现社区的发展变化以及这些变化对犯罪率的影响，Heitgerd 和 Bursik 的研究结果部分支持了社会解组理论。

Gottfredson 和 McNeil 在 1991 年做了一项多层次的分析研究，其中有一部分测试了社会解组理论，他们的研究设计是将社会解组理论解释为社区层次的外部变量，所以他们使用了五项与社区相关的指标来代表社会解组的概念。社会解组理论在不同研究设计中的测试对比如表 6 - 1 所示，解组的指标包括在有 16 岁以下小孩的家庭中，单亲女性家庭与双亲家庭的比例；接受社会福利家庭所占的比例；收入高于贫困线 1.24 倍的家庭所占的比例；家中有 14 岁以上小孩并丧偶、分居与离婚家庭所占的比例；家庭中 16 岁以上男性的失业率。通过分析发现，社会解组和暴力攻击行为或侵犯他人行为的关系最为密切，但与偷窃、破坏公物或者吸毒等行为无关。

表 6 - 1 社会解组理论在不同研究设计中的测试对比

Heitgerd 和 Bursik 的测量量具（1987 年）	
因变量	以 1960 年的犯罪率预测到的 1970 年的犯罪率与 1970 年实测犯罪率之比
自变量	住宅：住宅自主率、失业率、房间平均居住超过一人的家庭比例 种族：该地区"非白人与外国移民"所占人口比例 居民流动率：本地 5 岁以上且居住在此地超过 5 年的人的比例
外部动力	邻近地区非白人人口所占比例的平均值
Gottfredson 和 McNeil（1991 年）	
解组的指标 = 有 16 岁以下小孩的家庭中，单亲女性家庭与双亲家庭所占的比例 + 接受社会福利家庭所占的比例 + 收入高于贫困线 1.24 倍的家庭所占的比例 + 家中有 14 岁以上小孩并丧偶、分居与离婚的家庭所占的比例 + 家庭中 16 岁以上男性的失业率	

没有任何理论可以解释所有的犯罪行为，在以区域性统计资料为分析单位的基础上构建的社会解组理论，充满了社会学的想象力，其最大的缺点在于未能分析或者解释为什么中、上阶层集中的地区也存在犯罪，为什么有些未成年人即使生活在贫困的地区仍然没有犯罪，以及为什么乡村也会存在犯罪。

二 紧张理论

紧张理论的基本观点是：偏差行为是由于社会规范的混乱或解组所产生的，在个人面临社会环境的变化，或者在社会环境中遭受挫折后，很容易表现出反抗或者犯罪行为；当个体无法获得合法的社会地位或者适当的经济成就时，就会产生对挫折的反抗反应。

紧张理论认为，大部分人的社会价值和人生目标是相同的，但是不同人追求成功的能力和方式会受到自我所处社会阶层的影响，当低阶层的人们在追求成功的道路上遭受阻碍时，他们的内心会变得焦虑、紧张，滋生挫败的情绪。在这样的情况下，个体就非常可能寻找一些非法途径或者方法达成目标，或者故意用拒绝的态度来否定被整个社会普遍接受的价值观念。

（一）迪尔凯姆的迷乱理论（Theory of Anomie）

法国社会学家迪尔凯姆对犯罪学的另一个重大贡献是他提出的迷乱理论。他最早使用"迷乱"这一概念来表示社会的无规范或者缺乏规范的状态，他认为现代社会中的这一情况造成了社会越轨行为和自杀现象的增长，受到迷乱干扰的社会缺乏对其成员有效而又必需的约束。迪尔凯姆一生有三本主要著作：《社会分工论》（*Division of Laboring Society*）、《社会学方法论》（*The Rules of Sociological Methods*）以及《自杀论》

（*Suicide*）。其主要观点概括起来有以下几点。

（1）人是社会的动物。迪尔凯姆认为人类的行为会受到社会道德规范的约束，社会包含三个因素：社会秩序、社会规范以及社会法则。社会事实是独立于个人意识之外的，因此不应当用心理学和生物学的理论来说明，应当用"社会的"观点来解释全部社会现象。

（2）在人类本性方面，迪尔凯姆认为人类的本性是以自我为中心，每个个体都是贪婪的，所以人类在本质上是无法顺利地进行自我约束的。如果人们一直无法得到自己希望的，或者自己的欲望一直无法得到满足，那么就可能会感觉不快乐甚至抑郁情绪。

（3）在社会本性方面，迪尔凯姆的观点是：只有社会的集体意识的存在才能控制人们的个人主义。即社会的集体意识对个人意识会产生约束力。犯罪是人类社会进程中的社会事实及规则现象，只有道德因素才能将社会维系成一个团结聚合的整体。

因此，迪尔凯姆指出，人类一直在追求无法满足的目标。在这样的情况下，如果社会没有统一的规制进行约束，就会形成混乱，这种无规范或缺乏规范的状态被称为"迷乱"。迪尔凯姆对犯罪问题最为独特的见解，就是他首先提出了犯罪是正常的、必然的社会行为，犯罪现象会发生在所有的时代和不同的阶层，犯罪行为已经成为人性的一部分。同时，迪尔凯姆认为犯罪也会产生好的社会效果，因为犯罪现象可以唤起人们对社会问题的关注，进而努力寻找解决当前社会问题的办法，可以间接促进社会团结。

迪尔凯姆的迷乱理论提出时，正是法国从农业社会向工业社会转变的变动时期，社会正发生着深刻的变化，多种社会问题凸显。人性本自私，如果放任人类的本性和欲望，那么无休止的贪婪、对未来的不确定性和未知性会逐渐瓦解整个社会秩序。因此，社会制度的发展就是为了规范个人行为，将个体整合到团体中去。

（二）默顿的迷乱理论

在迪尔凯姆提出迷乱理论后，美国的犯罪学家默顿（Robert Merton）将此理论发展并传播，使之成为 20 世纪最为重要和具有影响力的犯罪学理论之一。

迪尔凯姆认为"迷乱"是现代社会中越轨行为和自杀现象增多的原因之一，受到迷乱干扰的社会缺乏对其成员有效且必需的约束。默顿在此基础上进一步解释了为什么在不同的社会中犯罪率会不同；为什么在同一社会中，不同团体之间的犯罪率会不同。一个和谐的社会可以保持社会结构和文化结构之间的平衡，而迷乱就是社会不协调的一个形式，即文化强调的价值与追求此价值的合法手段之间出现差异，也可以说是社会既定的个人目标与合法获得此目标的手段之间的差异。

　　默顿的《社会结构与迷乱》一书，自出版以来被多次引用和用于解释犯罪现象，这本书对美国乃至世界犯罪学理论的影响较为深远。默顿认为，人的本质是善良的，只是在紧张和有压力的情况下，人们才会有越轨行为；而且所有现代文化中有两个因素会导致紧张，那就是文化上确定的社会目标和社会所允许获取目标的手段之间的差异。当目标和手段均被社会强调时，个人会同时从达到目标和实现目标的手段中获得满足；如果社会对二者的强调出现不平衡，如当社会开始强调赚取高收入、获得高社会地位等为共同的目标，却没有对等地强调成功获得这些的合法渠道时，个人可能会为了获得目标而产生迷乱，导致犯罪行为发生。

　　犯罪包括工具性犯罪以及表达性犯罪。工具性犯罪指为了达到一些目的而选择犯罪途径或者行为，如获取财富；表达性犯罪指通过犯罪来释放犯罪人心中的愤怒、挫折或者怨恨等。默顿认为迷乱行为导致的犯罪行为主要指工具性犯罪。当人们很难获得较好的教育资源时，他们通过合法手段获取财富和地位的机会就会更少，所以无论他们如何努力，获取到的财富或者地位都是有限的。在全社会都在追求金钱和地位的时候，通过合法手段实现这些目标的可能性就会大大降低，这就导致有些人选择通过犯罪的手段来获得其目标。

　　针对如何解决迷乱的问题，默顿提出了五种适应模式：遵从型、创新型、礼仪型、退隐型和反叛型，其中后四种都可以认为是越轨行为。

遵从型是在稳定的社会环境中最常见的行为方式，即整个社会认定共同的社会目标，同时也有合法的手段去追求社会目标。

创新型指那些认同既定的社会目标，但是没有合法的途径和手段去获取目标群体中，有一部分为达到自身目的而选择用便捷的方式来实现目标，包含犯罪。

礼仪型主要涉及那些不认同文化目标，却恪守社会合法手段的群体。这类人群可能拥有用合法手段获取社会利益的能力，但是他们由于对社会目标的不认同而没有珍惜这些途径。

退隐型涉及的群体不仅拒绝认同社会目标，而且拒绝采取社会认同的合法手段。这类群体认为财富、社会地位没有意义，努力工作、接受教育也没有意义，这类群体通常会迷失在酒精、毒品等的世界中，徘徊在社会边缘，即所谓的"双重失败者"，他们在正常社会中无法立足，同时，在犯罪的世界中也无法立足。

反叛型是一种较为罕见的适应模式，所涉及群体拒绝认同社会目标，拒绝使用实现目标的合法手段，他们希望为人类、为大家创造新的社会目标，并希望通过创新的方法来达成这些目标。如革命家，若革命成功，他们就成为社会的英雄；若革命失败，革命的行为就等同于犯罪行为。

迪尔凯姆和默顿均同意越轨行为的根源是迷乱，这种迷乱是一种无规范的挫折感。但他们二人的理论也有不同之处。区别在于，迪尔凯姆认为人的欲望是与生俱来的，而且人们不知自制；默顿将研究方向从不能发展足够的道德规则转向社会的机会结构上，他认为，人的欲望不是与生俱来的，而是受后天文化影响形成的，有些社会结构对部分成员施以莫大的压力，这些压力会导致他们实施犯罪行为。这一理论的发展解释了犯罪是人们为适应社会而做出的常规选择，也解释了为什么美国的犯罪率如此异常。部分学者认为，默顿的迷乱理论最适合用来解释或者预测工具性犯罪。

迷乱理论提出后，1950～1970年，有一个重要的衍生理论，叫"紧张理论"。赫希（Hirschi）、科恩豪泽（Kornhauser）以及科恩（Cohen）等学者基于对默顿的迷乱理论的理解，认为迷乱理论可以应用到解释未成年人犯罪问题上，即青少年面临的社会期待以及实际机会之间存在落差。科恩的理论与默顿的迷乱理论的共同点是：将达不到社会认同的目的看作引发越轨行为的紧张源泉；但是未成年人之所以会面临紧张或者压力，不是由于其无法获得经济来源或者财富，而是他们没有能力获得传统社会中应有的尊重、地位以及认同；即未成年人的紧张主要来自没有得到同龄伙伴的尊重，这点取代了迪尔凯姆迷乱理论中经济条件是主要原因的观点。

（三）紧张理论

迷乱理论的一个重要的派生理论就是紧张理论。Bernard、Burton 和 Cullen 等学者都认为，这个命名是基于赫希、Kornhauster 等人对默顿迷乱理论的理解，此理论的重点在于解释未成年人的犯罪问题，即未成年人面临的社会期待和其实际机会之间的落差比。

紧张理论是 20 世纪 50 年代到 70 年代最重要的未成年人犯罪理论，在运用默顿的迷乱理论来解释未成年人犯罪问题时，科恩特别建议，犯罪行为和守法行为都取决于每个人的社会文化环境和社会互动。犯罪亚文化在工人阶级背景的少年中发展，是因为这些孩子无法在中产阶级的世界里竞争，这就造成了他们的地位低下和生活的挫折感。未成年人的违法行为是他们对美国中产阶级文化价值和常规的抗议。这些孩子十几岁就加入少年帮派，他们的越轨行为通常是非功利性的、恶作剧型的以及存心作对型的。

科恩的理论与默顿的理论的基调是一致的，他把达不到社会认同的传统规范看作引发越轨行为的主要原因。但是科恩认为，未成年人之所以会面临紧张或者压力，不是由于无法取得经济上或者财富上的成功，而是因为他们没有能力获得传统社会中应该有的尊重、地位和认同感。科恩和默顿的不同之处在于默顿认为经济条件是主要原因，科恩认为同龄伙伴中的尊重是主要原因。

在紧张理论方面，克洛沃德（Richard A. Cloward）和奥林（Lloyd E. Ohlin）在科恩和默顿两人的理论基础上进一步丰富了紧张理论，将其称为差异机会理论。克洛沃德和奥林同意默顿的观点，认为传统社会中，自认失败的人会寻找其他途径让自己获得成功。克洛沃德和奥林希望研究为什么未成年人犯罪亚文化会因为地区的不同而产生差异，他们的研究结果发现，当发生紧张或者迷乱时，不是所有的未成年人都会采取同样的越轨行为来适应，面对紧张时，未成年人未必有接触让他们实施越轨行为的机会，社会中不仅合法机会是分配不均的，就连非法机会的分配也是不均的。

在克洛沃德和奥林的理论中，未成年人越轨的亚文化不是单一的。至少有三种不同的越轨亚文化，第一种是未成年人犯罪团伙，这种亚文化团体的特色是以犯罪来获取不法经济利益；第二种是未成年人冲突团伙，这种文化团体倾向于从事暴力行为，但暴力并不能给他们带来经济利益；第三种是未成年人退缩帮派团体，这种团体以吸毒活动为主。

三种未成年人的越轨亚文化或者少年团伙的产生地点与所在地方的非法机会有关。当有些社区具有一定数量的帮派群体时，当地青少年会因面临紧张而希望用另一种文化来代替当前的传统文化，会顺理成章地受到当地成人帮派的吸引而加入这些帮派，形成与这些成人帮派类似的少年帮派团体。而有些社区不存在这样的成人帮派，当青少年面临紧张或者迷乱时，可能就不会加入一些现成的团体，而形成自己的小团体，这些小团体会聚集起来在街头吸毒，形成未成年人退缩帮派团体。

克洛沃德和奥林的紧张理论在原理上和默顿、科恩的理论是一致的，他们都认为越轨行为的根本原因是紧张。不同的社区环境特性，给了青少年在面对紧张或者压力的情况下不同的非法机会，形成了不同的亚文化团体，即不同的未成年人舒缓紧张的方式会根据自己所在社区亚文化的不同而产生差异。

（四）一般紧张理论

安格纽于1992年发现传统的紧张理论缺乏实证研究的证明，他将传统理论进行扩充，发展了自己的一般紧张理论。安格纽同意犯罪或者越轨行为的根源是个人所面临的紧张，在此基础上，他提出：传统的紧张理论只强调了一种负面的紧张关系，即社会会阻止个人达成社会目标而形成的紧张的负面关系，但是，紧张的范围可以扩大到认知、行为、情绪等各个方面，这些紧张的类型或许比传统的紧张理论产生的紧张更加重要。

一般紧张理论提出了越轨行为的三个紧张来源：一是无法达到个人想要达到的目标而形成的紧张；二是失去了个人积极向上的欲望或失去积极的鼓励所形成的紧张，这种紧张的根源可能是青少年亲身经历的不幸事件，如退学、亲人的逝世等；三是遭遇负面刺激所形成的紧张，如虐待、被老师指责等。由于青少年无法用合法的方式来避免紧张的情绪，因此，用越轨行为来舒缓紧张就成为青少年的选择。以上三种行为都可能产生紧张、沮丧、害怕、愤怒的情绪，当这些负面情绪产生时，青少年需要调节从而降低心理压力，部分青少年会选择用社会所不能接受的一些违法或者越轨行为来调解这些负面的情绪。

安格纽试图提出一个能够解释各个阶层犯罪的更为广泛的理论。他的理论不是局限于讨论社会底层未成年人的犯罪行为，而是可以解释社会所有阶层未成年人的犯罪行为。紧张不仅来自社会目标和社会手段之间的落差，理论也不仅局限于社会期待与实际不符合的程度，而且包含更多可以解释紧张的源泉。

安格纽提出的具体的紧张类型和构建影响每一个适应方式的因素时，将原来传统的紧张理论进一步改造成更加贴合的社会约束理论和社会学习理论。为了增强紧张理论对犯罪行为的解释力，安格纽将他的理论转移到社会心理学层面，从而脱离了传统紧张理论最显著的社会结构的本质。

（五）紧张理论的应用

1. 迷乱理论的应用

默顿的迷乱理论可以从微观和宏观两个方面进行检验，也可以用面板数据或者长期跟踪数据来进行实证分析。

其中，Bartusch 和 Sampson 1998 年根据迷乱的定义提出了一个新的概念——对法律的冷嘲热讽的态度。这个概念由五个方面组成，预测法律和常规的合法性，每个具体问题由非常不同意、不同意、中立、同意、非常同意五个维度组成，迷乱理论概念的测量如表 6 - 2 所示。这五个维度组成的指标，可测定受访者愿意接受法外和规矩外的行为的程度，其中，除了第三项具有功利性之外，其余四项测量的仅是对法律的态度。

曹立群使用了另一种测量方式来测量迷乱的概念。这一测量方式从"世界价值调查"的数据中总结出来，并对默顿的假设进行了实证分析。默顿的假设表明当代美国文化越来越极端，强调成功的价值，但与此同时，就忽视了教育民众以合法手段获取成功的必要性和重要性。在曹立群的研究中，他选择了六道题目来测试大众对工具性犯罪的接受程度，并计算出一个综合指数来测量迷乱（见表6 - 2）。

曹立群的测量方法与过去的测量方法相比，具有以下几点进步性：第一，他的方法可以真实地反映默顿原来所指出的迷乱的意义，即迷乱是公众对遵纪守法无法形成共识的局面；第二，他的测量方法捕捉到默顿原来主张的迷乱概念，即迷乱指在技术上，以最快捷的手段成为大众愿意接受的行为的程度；第三，曹立群的测量指标涵盖了多种成人的工具性犯罪类型，如白领犯罪等。因此，曹立群的测量量具是通过捕捉个人不顾法律规范，用最有效的手段来获得社会认同的价值。

表 6 - 2　迷乱理论概念的测量

Bartusch 和 Sampson 对法律的冷嘲热讽的态度（1998 年）
①哪儿有法律,哪儿就有犯法的
②只要不伤害别人,你做什么都没关系
③为了赚钱,没有对错之分,只有难易之分
④朋友之间、家人之间打架,不碍其他人的事
⑤如今的人们活一天算一天,管不了明天的事了
（选项:非常同意,同意,中立,不同意,非常不同意）
曹立群的"世界价值调查"（2004 年）
迷乱的指标:你是否可以接受下列叙述?
①拿你不应该拿的政府福利
②坐公交车不买票
③欺骗性逃税
④在知情的情况下,购买赃物
⑤在执行公务时受贿
⑥无意中撞到停在路边的车后,不报告而离开
（选项:可以接受,绝不能接受,介于中间）

2. 紧张理论的应用

紧张理论多半用两种方法来量化：一种方法是，个人是否觉得未来发展或成功的机会受到阻碍；另一种方法是，个人期待的成功和缺乏机会之间的落差。

Short、Rivera 和 Tennyson 于 1965 年提出了最早测量紧张的量具。他们认为，紧张是在面对教育和职业时受到阻碍而产生的感受，在研究中，受到阻碍的教育机会可以以 0 ~ 12 分来划分，分数越高，表示自己觉得受教育机会不会受到任何阻碍的可能性越大；用 0 ~ 10 分表示对于职业机会受到阻碍的感觉，分数越高，表示自己觉得未来的职业机会受到的阻碍越小。因此，两种分数都和犯罪成反比，即题目得分越高，表示越不容易犯罪，研究结果证明犯罪和紧张的确具有相关性。

另一项关于紧张的测量是由 Farnworth 和 Leiber 于 1989 年提出的，他们试图测量个人期待的成功和缺乏机会之间的落差。如果两者之间的差异很大，则代表紧张程度很高；反之，如果两者之间的差异很小，则表示个人的紧张程度不高。之前的研究主要测量的是年轻人追求更高教育的志向与未来职业的志向与实际期待之间的落差。但 Farnworth 和 Leiber 认为，紧张理论最好的测量方法应该是测量个人对未来经济成功的志向与实际可能受到的最高教育之间的落差，Farnworth 和 Leiber 将受教育的志向和对教育的期待进行量化，紧张的数值是受教育志向的分数与对教育的期待的分数之间的差，在 0 ~ 2 分之间。经研究发现，受教育的紧张程度越高，犯罪的概率就会越高。紧张理论概念的测量如表6 – 3所示。

表6－3　紧张理论概念的测量

Short、Rivera 和 Tennyson(1965 年)

请问你家附近是否常发生下面这些状况？如果有,请回答"是";如果无,请回答"否"

1. 合法教育机会(总分为 0~12 分)
　　①我们家附近的年轻人都不喜欢读书
　　②我们家附近的年轻人大部分喜欢读书
　　③我们家附近的年轻人大部分可以从高中毕业
　　④我们家附近的年轻人大部分想上大学
　　⑤我们家附近的年轻人大部分上不起大学
　　⑥我们家附近的年轻人大部分可以考上大学

2. 合法工作机会(总分为 0~10 分)
　　①我们家附近的人很难找到薪水高的正当工作
　　②我们家附近的人长大后大都能找到薪水高的正当工作
　　③我们家附近的人若从事正当工作,薪水都很少
　　④我们家附近的人若要找到薪水高的工作,必须要靠关系
　　⑤我们家附近的人不靠违法工作,根本赚不到大钱

Farnworth 和 Leiber(1989 年)

1. 目标与手段
　　①经济志向:我想赚大钱(0~4 分)
　　②受教育志向:你希望的最高学历是什么(选项:读过几年高中 =0,高中毕业或技职学校毕业 =1,上过几年大学 =2,大学毕业 =3)
　　③对教育的期待:你觉得自己能达到什么学历(选项:读过几年高中 =0,高中毕业或技职学校毕业 =1,上过几年大学 =2,大学毕业 =3)
　　④上大学的志向:自己想读到大学毕业吗(选项:否 =0,是 =1)
　　⑤上大学的期待:自己可以读到大学毕业吗(选项:否 =0,是 =1)

2. 紧张 1(追求经济目标与受教育机会之间的差距)
　　①一心赚大钱,却不希望上完大学(选项:否 =0,是 =1)
　　②发财的志向减去受教育期待(选项:0~4 分)

3. 紧张 2(受教育的志向与对教育的期待之间的落差)
　　①受教育的志向大于对教育的期待(选项:否 =0,是 =1)
　　②受教育的志向减去对教育的期待(选项:0~2 分)

3. 一般紧张理论的应用

根据安格纽于 1992 年提出的一般紧张理论，安格纽和怀

特于 1992 年使用了在"健康与人类发展"项目中收集到的资料来测试一般紧张理论。找出了测试紧张感的八个方面，其中，前六个是由多项因素组成的，最后两项是单一项目。在此基础上，该测量还设计了一般紧张的综合量具来预测未成年人犯罪，该量具包含五项紧张指标：负面生活事件、生活中的各种困扰、与成人的不良关系、与父母争吵以及社区问题。分析结果发现，在社会控制理论和差别接触理论之后，一般紧张理论的综合量具仍然可以分别预测未成年人的犯罪行为和未成年人的吸毒行为。安格纽和怀特承认，他们测试的一般紧张理论仍然是不完全的，因为他们没有测量到追求社会肯定的目标时，个人可能感受到的紧张类型。

Mazerolle 和 Maahs 于 2000 年从美国"全国青少年调查"中抽取了四组题目进行安格纽一般紧张理论中的紧张的测量，他们的测量与安格纽和怀特两人的略有不同。Mazerolle 和 Maahs 找出了四种负面的紧张情绪：与成人关系不良、学校或同龄人带来的困扰、社区问题以及生活中的负面事件。其中，对于与成人关系不良，是让被访青少年填写 16 个与老师和家长对自己的印象有关的问题；学校或同龄人带来的困扰包含 7 个题目；生活中的负面事件包含 13 个题目。最后会对各组指标进行标准化，组成测量紧张的综合指标。一般紧张理论关键概念的测量如表 6 – 4 所示。

表 6 – 4 一般紧张理论关键概念的测量

Agnew 和 White(1992 年)

1. 紧张的个别指标量具
   ①负面生活事件(15 题)
   ②生活的各种困扰(9 题)
   ③与成人的不良关系(2 题)
   ④与双亲争吵(2 题)
   ⑤与邻居关系不好(5 题)
   ⑥不受异性欢迎(2 题)
   ⑦工作压力(1 题)
   ⑧穿着打扮压力(1 题)

2. 一般紧张指标(以下都以标准化分数来计算)
   ①负面生活事件
   ②生活中的各种困扰
   ③与成人的不良关系
   ④与父母争吵
   ⑤社区问题

Mazerolle 和 Maahs("全国青少年调查")(2000 年)

1. 社区问题
   你家附近是否常有以下问题:(选项:没有这个问题、有一点这个问题、常有这个问题)
   ①公物、房子、个人财物被故意破坏或损害
   ②吸毒
   ③交通拥挤
   ④废弃物
   ⑤入宅偷盗
   ⑥破烂的建筑
   ⑦被攻击或袭击事件

2. 生活中的负面事件(选项:有、没有)
   下列哪一件事情去年发生在你或你家人身上:离婚、分居、再婚、重病、死亡、重大意外、孩子休学、辍学或被退学、父亲失业、母亲失业、搬家、母亲搬出或搬回家、父亲搬出或搬回家

3. 与成人关系不良(选项:完全同意、同意、不同意也不反对、不同意、完全不同意)
   ①老师上课不会叫我回答问题
   ②我好像不是家中的一分子

③我在家中觉得孤单
④老师对我的功课要求不高
⑤家人对我的问题漠不关心
⑥我父母认为我需要被辅导
⑦我父母认为我是坏孩子
⑧我父母认为我不守规矩
⑨我父母认为我坏得一塌糊涂
⑩我父母认为我常惹麻烦
⑪我父母认为我常做违法之事
⑫我的老师认为我需要被辅导
⑬我的老师认为我不守规矩
⑭我的老师认为我坏得一塌糊涂
⑮我的老师认为我常惹麻烦
⑯我的老师认为我常做违法之事

4. 学校或同龄人带来的困扰(选项:完全同意、同意、不同意也不反对、不同意、完全不同意)
　①虽然我很想参加学校活动,但是通常人家都不会问我要不要参加
　②我总觉得跟朋友合不来
　③我总觉得学校没人在乎我
　④我朋友不关心我的困难
　⑤我觉得自己在学校没有归属感
　⑥学校同学很多,但我仍觉得孤单寂寞
　⑦有时即使和朋友在一起,也觉得孤单寂寞

5. 一般紧张指数
　前四大项题组分数标准化后加总的得分

　　在犯罪原因的研究上，迷乱理论已经失去其主导地位，但是这一理论具有丰富的社会学内涵，不失为一项重要的犯罪理论。

三　亚文化理论

　　很多社会学的犯罪理论都包含了文化差异导致犯罪的行为。迪尔凯姆认为，犯罪是与社会集体良知相冲突的一

种表现。很多人不认同或者不顺从集体的社会主流文化，并拥有自己的信仰、价值体系，这些信仰和价值体系因与社会整体道德规范相冲突，而被视为犯罪。迪尔凯姆的理论是较早在社会学中用文化解释犯罪原因的理论之一。

早在 1938 年，雪林就提出犯罪与文化冲突的关系，他认为，法律条文的定义总是相对的，随着时间的推移，社会的行为准则会逐渐发生改变，而法律条文也会慢慢反映出这种变化。社会的行为准则在不同的文化里会有所不同，遵循自己的文化，有时会导致犯罪，因为行为人的信条可能触犯了主流文化价值。因此，在这种情况下，犯罪不是由越轨的个人所致，而是由顺从的个人所遵循的文化和主流社会文化产生了冲突所致，这些人在主流文化的眼中成为"违法者"。

另一位犯罪学家萨瑟兰（Sutherland）也很重视文化冲突的概念，曾经在他的差别接触理论中有所阐述。他认为认同违法的文化是导致犯罪的主要原因之一，一个人如果生活在认同违法的文化中，他选择违法的行为便成为理所应当，该行为也不会被周围的人当作违法行为。芝加哥学派的犯罪学家肖和麦凯也论述了亚文化与犯罪之间的关系。首先，他们选择的角度是越轨亚文化一代传一代的现象，社会解组是造成越轨亚文化代代相传的原因；其次，越轨亚文化如果无法在这些地区消除，此区的治安便无改善之日。

紧张学派的学者科恩、克洛沃德以及奥林等人把亚文化视为未成年人挫折感的来源之一，科恩的犯罪亚文化理论是有关亚文化意义的最早的、最富成效的理论。

在犯罪学很多解释犯罪原因的理论中，文化是造成暴力和犯罪的原因之一，并非是越轨行为产生的唯一原因。但是沃尔夫冈（Wolfgang）和费拉柯蒂（Ferracuti）明确指出，暴力亚文化是暴力行为产生的主要原因。他们认为，公然使用暴力的行为，通常反映出此人的基本价值观，这种价值观往往不同于主流社会的价值观，由此推论，伤害和谋杀案件的直接原因通常来自行为人的思维方式，价值、规范、行为期待才是引起暴力行为的主因，而不是社会环境。

（一）科恩的犯罪亚文化理论

最早提出运用犯罪亚文化理论（Delinquent Subculture Theory）来解释青少年犯罪形成原因的是美国社会学家科恩。他在结合了萨瑟兰的差别接触理论和默顿的迷乱理论之后形成自己的亚文化理论。

科恩认为，犯罪亚文化的发展过程，实际是在建立另一种特殊的行为规范，并对这种行为进行维持和强化的过程。这种特殊的行为规范与一般社会的主流价值体系相反，且极易与之发生矛盾冲突。亚文化理论主要指部分群体认同其同辈团体或者其他小团体持有的价值体系，这些价值体系有悖于传统的社会价值体系，且不能为社会所容忍和接受。这些具有亚文化特征的青少年的言行无法符合一般社会的标准，因而他们在社会中的身份地位可能会遭到否定，或者被定义为问题少年，由此产生无法适应环境的困扰。在面对这种不被接受的困境时，青少年会在"物以类聚，人以群分"思想的驱使下，聚集一批面临相同命运的青少年，且认同一套自己可以接受的价值体系，逐渐形成一套完整的亚文化价值体系，并希望用此来解决他们共同面临的问题。

科恩将在亚文化理论中将青少年的特征归纳如下。

（1）较低阶层的青少年所遭遇的适应问题与一般中上阶层青少年有所不同。前者的最大困扰是自己的身份地位无法被接受和适应的问题；犯罪亚文化在低阶层背景的青少年中发展，因为这些孩子无法在中上阶层的世界中竞争，这就造成了他们的地位挫折感。未成年人的违法行为是他们对中产阶级的美国文化价值观的抗议。

（2）低阶层的青少年在社会化过程中遭遇到很多阻碍及困难。反之，中上阶层的青少年社会化过程则较为顺利。

（3）低阶层的青少年参与社会竞争的各方面条件较差，且从家人、朋友处获得的激励较少，遇到的挫折较多。

（4）亚文化中具有越轨行为的青少年较为短视，只求眼前短暂的享乐、满足，没有长远的计划。

（5）亚文化团体中的青少年对于自己所属的小团体讲究自治、尽忠、团结；对其他团体则表现出漠视或者敌对的态度。

（6）具有越轨行为的青少年对社会行为的反对和不承认的态度经常发生变化，不像成年犯罪人那么专业。

（7）具有越轨行为的青少年的盗窃行为不一定是为了获得物品，有时是为了在同辈团体中获得威望而实施的。

（8）很多具有越轨行为的青少年来自犯罪家庭，有自己的亚文化，其对父母、老师、警察等团体均有敌对感。

（9）具有越轨行为的青少年的行为通常是非功利性的，有恶意性、负面性、多样性、享乐性以及团体自主性的。

中国学者蔡德辉教授运用因果过程来说明低层社会的青少年容易形成亚文化以及陷入犯罪的过程。底层社会青少年形成亚文化及陷入犯罪的过程如图 6-1 所示。

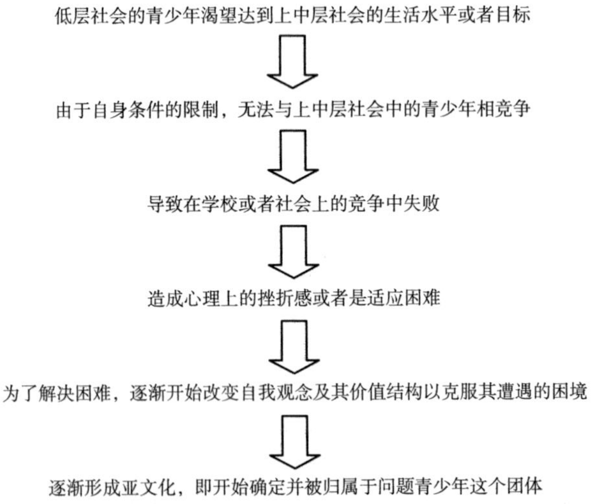

低层社会的青少年渴望达到上中层社会的生活水平或者目标

由于自身条件的限制，无法与上中层社会中的青少年相竞争

导致在学校或者社会上的竞争中失败

造成心理上的挫折感或者是适应困难

为了解决困难，逐渐开始改变自我观念及其价值结构以克服其遭遇的困境

逐渐形成亚文化，即开始确定并被归属于问题青少年这个团体

图 6-1 低层社会青少年形成亚文化及陷入犯罪的过程

（二）沃尔夫冈和费拉柯蒂的暴力亚文化理论

文化只是造成暴力和犯罪的原因之一，不是暴力和犯罪的唯一原因。但是，沃尔夫冈和费拉柯蒂明确指出，暴力亚文化是暴力行为的主要原因。他们在 1967 年《暴力亚文化：一个犯罪整合理论的尝试》一书中写道："公然使用暴力……通常反映此人的基本价值观。这种价值观通常不同于主流社会的价值观。"亚文化是指某些团体或不在社会中占主要部分的团体内特有的规范系统。因此，伤害和谋杀背后的直接原因，通常是人们的思维方式，即价值、规范、行为期待才是引起暴力行为的主要原因，而不是社会环境。

沃尔夫冈等人在 20 世纪 60 年代，利用官方统计资料，对美国费城的青少年进行实证研究并发现，种族是解释青少年犯罪的主要因素，由种族延伸出来的文化差异可以解释不同种族间犯罪率的差异。他们认为，暴力行为来自赞成或鼓励暴力的价值观，而暴力亚文化仅在局部上与主流文化不同。克洛沃德和奥林认为在原理上和默顿以及科恩的理论是一致的，即越轨行为的原因是紧张，但是他们进一步主张，未成年人舒缓紧张的方式会受到所在社区的亚文化差异的影响，不同的社区特性，给了青少年面对紧张或者压力的不同的非法机会，促使他们形成不同的亚文化团体。

沃尔夫冈和费拉柯蒂认为，有些特定的社会亚团体早已存在推崇暴力的亚文化价值，并将其作为行为准则，这种价值规范为成员的暴力行为提供了精神支柱，增加了他们选择冲动的暴力行为解决问题的概率。一般来说，生活在亚文化团体中的成员，如果发生冲突或者看彼此不顺眼的情况，就会自然地想到用暴力来解决。

《暴力亚文化：一个犯罪整合理论的尝试》一书中指出："社会上存在的各种价值、信条或者规范并不具有平等的地位，因此，主次、高低的分布就会必然形成。各种亚文化或许部分接受主流文化，有时拒绝主流文化以及产生与主流文化相对应的文化，这些亚文化会始终存在于社会的价值体系中。"这些亚文化的特点是：独特的社会价值观，经过社会化过程后，传递给每个成员和成员的下一代。其实，每个社会都有沃尔夫冈和费拉柯蒂所说的主流价值与亚文化价值，类似于青少年文化和主流文化。沃尔夫冈将暴力亚文化理论阐述为以下几点。

（1）没有一种亚文化和主流文化完全不同或冲突，即便是亚文化，与社会主流文化也有共通点。

（2）暴力亚文化的存在，并不意味着其组织在所有情况下都会选择用暴力的手段去解决问题。因此，所谓暴力亚文化并非时时刻刻，或者凡事都表现为暴力行为，而是在关键时刻或者关键事件上表现出与主流文化的差异，但是暴力亚文化是主流文化的一个组成部分。

（3）暴力亚文化的信仰者经常以暴力手段解决问题，这说明暴力亚文化对青少年具有深远的影响。

（4）暴力亚文化可能存在于社会的各个角落，但是群体以青少年到中年组成的团体最为明显。

（5）暴力亚文化的主文化是非暴力亚文化。

（6）一个人通常会经历差别学习、压力到认同的过程，发展出对暴力亚文化有利的态度，即暴力或者攻击是一种习惯性的条件反射，其过程一般与学习无异。

（7）在暴力亚文化中，使用暴力并不认为是一种非法行为，行为人不会觉得有罪恶感。

很多人可能认为，暴力亚文化必然为主流文化所唾弃，因此与主流文化的差异肯定极大。但是，沃尔夫冈和费拉柯蒂不这么认为，因为所谓暴力亚文化，并不是每一个细节，或者时时刻刻都表现出暴力行为，而是在关键时刻或者特殊事件上表现出与主流文化之间的差异，这种差异主要体现在"暴力"和"非暴力"上。

沃尔夫冈和费拉柯蒂举了一个例子，在美国，居住在崇尚暴力亚文化地区、经济地位处于中低层的男性，必须对他人的侮辱给予暴力还击，才会在自己所在的社区中受到尊重；反之，不以暴力回击的人，就会受到责骂、鄙视或者排斥。在这种社区中，社区成员学习到的就是以暴力来解决人际冲突，这是大家都遵循的正常的方式，因此，使用暴力不会出现罪恶感和愧疚感。在这样的文化环境中，不小心产生的摩擦、稍微过激的言语等都会成为暴力挑衅的象征，从而引发越轨行为。

沃尔夫冈、费拉柯蒂以及雪林利用官方资料追踪调查了9945位1945年在宾夕法尼亚州费城出生的孩子，收集这些孩子的在学资料（包含智商、智育以及德育成绩等）、社会地位（通过其居住地以及家庭收入来衡量）等数据直到他们18岁为止。结果发现，有超过1/3（3641位）的孩子在青少年时期曾和警方有过至少一次的接触；且种族因素是一项最重要的偏差和犯罪行为的指标。在2902位非白人研究对象中，有50.24%（1458位）曾和警方有过接触；在7043位白人研究对象中，与警方有过接触的只有28.64%（2017位）。经过进一步分析后指出，种族背景是预测青少年是否会有这方面不良记录的最重要指标。犯罪亚文化理论的最大特色是认为人是不会犯罪的动物，犯罪人只是遵守一套所属团体的规范，犯罪行为的产生只是因为该团体的规范与整个社会的文化不同。犯罪亚文化理论认为人是无自由意识、无思考能力的消极性动物。这些青少年接受环境给予他的一切，犯罪只是他所生存的团体规范与整个社会文化相冲突的结果。

沃尔夫冈和费拉柯蒂的暴力亚文化理论在20世纪90年代又重新引起美国学术界的关注，有学者认为，暴力亚文化可能与拥有枪支有关，也可能与开枪的意愿有关。Ellison在1991年发现，美国南方拥枪自重者与谋杀率一直居于前列，于是重新提出南方暴力亚文化论，并且举例说明自20世纪以来美国南方一直存在这样的暴力亚文化。很多生活在南方的美国人从小便受到暴力行为的教育，而且将暴力作为维护个人荣誉的重要方式。综上所述，暴力亚文化理论主要说明社会上有一部分人愿意以暴力行为来维护自己的尊严和荣誉，因此暴力成为他们解决问题的自然选择，且可以通过这种方式使自己在其所处的社区获得尊重，而不会引发个人的罪恶感或者任何迟疑。

沃尔夫冈和费拉柯蒂提出的暴力亚文化理论，不是想要解释所有的犯罪行为或者暴力行为，而是解释由于一时冲动而发生的伤害行为。通常这类暴力行为都不是由心理原因造成的，也不是蓄谋已久的。但是，暴力亚文化理论存在一定的缺陷。首先，暴力亚文化理论被指控为因果循环论，价值观控制行为成为行为的一部分，以暴力价值观来解释暴力行为，可能犯了用概念的一部分来解释全部概念的逻辑错误。其次，暴力亚文化理论忽略了文化价值的结构根源，暴力亚文化理论用较少的篇幅来讨论产生文化价值的社会原因和结构原因。最后，价值观薄弱让行为人轻易采用暴力行为，但是没有人会在丧失其他价值观的情况下还独尊暴力。

（三）机会理论

克洛沃德和奥林在 20 世纪 60 年代提出犯罪与机会理论。他们认为青少年发生偏差行为，造成每个个体的犯罪机会不同。有些个体由于被剥夺了正当机会，而无法运用合法的手段完成目标，被迫使用非法行为而陷入犯罪，因此他们认为，犯罪行为是因"机会"产生结果。

克洛沃德和奥林认为亚文化通过同伙团体的影响，即亚文化带来的氛围诱惑青少年学习犯罪。犯罪和机会理论强调的重点是，低层社会的青少年渴望达到中上层的生活水准，但由于自己所属阶层的机会阻塞，无法获得平等的机会和途径，便逐渐趋向非法行为，犯罪就是受到亚文化同伴团体的影响的结果。他们认为使用合法的方法是不可能达到目标的，所以逐渐偏离社会规范，开始运用亚文化团体的力量来克服适应的困难，如此一来，运用犯罪的手段去达成目标的机会就越来越高。在这个分析中，提出了三种少年帮派的类型，每一种类型都有其特性及不同形式的偏差行为，具体介绍如下。

（1）以犯罪为导向的帮派。低阶层青少年共同意识到他们受到了不公平剥夺和疏离的待遇，这种帮派通常是成年犯罪者通过吸收邻近地区的青少年加以整编及操作来实施犯罪行为的，青少年犯罪者缺乏合理的追求成功的机会时，就会感到失望和挫折，在这样的情况下，为获得良好的社会地位而采取犯罪手段，从而促使青少年走向犯罪的道路。

（2）以冲突为导向的帮派。这种特殊帮派出现与否，取决于帮派成员有无追求成功的机会。他们认为，在某些失调或者解组的贫困地区中，追求成功的非法途径都会受到限制。在这种情况下，青少年会形成一套"冲突亚文化"，组织帮派打架，通过暴力、斗殴的方式来显示自己的英勇，从而获得地位的稳定。

（3）以退缩为导向的帮派。这种类型的出现是由于青少年迫切感受到集体成功的社会紧张状态，会从社会生活中退缩到自己的空间，这些成员被失败、绝望和缺乏目标的感觉所击溃，于是从障碍重重的世界中退缩，通过药物的滥用和吸食毒品等方式来缓解压力，他们运用这种方式表达对社会规范的轻视，也隐藏了失败的自我内在意识。

并非所有的青少年都会加入帮派，许多人内心仍然遵守传统社会的价值标准，也有部分青少年在两种文化体系中生存，既不愿意从事犯罪活动，又无法遵从传统规范，于是选择药物或者酒精来麻醉自己。

（四）亚文化理论的应用

相对于本书前文中的其他理论，暴力亚文化理论的概念相对比较清楚，概念之间的因果关系非常清晰，因此实证研究相对比较容易。

当前验证暴力亚文化的研究资料较多的来自美国的"一般社会调查"问卷。Dixon 和 Lizotte 1987 年运用因素分析法分析相关题目后，归纳出两大指标用于分析拥有枪支者和暴力亚文化之间的关系，将其对暴力的态度分为预防和攻击两个方面。只有攻击面的态度是暴力亚文化的指标，其涵盖了四个方面，抗议游行者、无意碰撞者、用粗话骂警察者以及杀人嫌疑犯。受访者的选项有："不赞同"以拳相向 = 0，"不知道"是

否要以拳相向 = 1，"赞同"以拳相向 = 2，将得分累加，得出攻击型的暴力亚文化指数的积分。

另一组学者 Shoemaker 和 Williams 于 1987 年选择了 Dixon 和 Lizotte 提出的七项暴力亚文化中的五项，设计了程度不同的挑衅行为，从抗议游行中与他人发生冲突到私闯民宅发生冲突。研究结果表明，虽然美国的黑人和印第安人比一般人更加具有暴力经验，但是却比一般人更加不能忍受暴力行为的发生，这一结果违反了沃尔夫冈和费拉柯蒂的假设。

Tittle 等人的研究提出了测量暴力亚文化最全面的量具。他们设计的指标中有 6 个问题，包括暴力亚文化的四大层面：价值观（2 题）、规范（2 题）、信念（1 题）与生活习惯（1 题）。这一研究结果发现暴力亚文化与实际的暴力行为的确有关系，但是因为他们研究的主要目的不是验证沃尔夫冈和费拉柯蒂的暴力亚文化理论，所以他们的研究未能解答暴力亚文化与实际暴力行为之间的关系。

Felson 等人提出了另一套测量暴力亚文化的指标，使用了三道题目来进行测量，并特别针对暴力行为询问受访者。题目分别为：你认为下面哪些行为是值得赞许的，答案包含从非常值得赞许到非常不值得赞许的不同等级。这一类题目容易引导受访者按照社会传统规范的喜好来回答，以符合社会道德的期待，但是这种测量是延伸沃尔夫冈和费拉柯蒂暴力亚文化理论的一种尝试，这种研究可以验证此理论是否适用于未成年人的暴力行为。

Baron 等人于 2001 年根据 Caspi 等人 1994 年和 Heimer 1997 年的研究，提出了 13 道题用来测量暴力亚文化（见表 6－5）。其中，1～9 题是一大概念，主要代表受访者如何中立化自己受到挑衅时的暴力行为；10～13 题代表着另一个概念，即受访者采用暴力行为后的内在快感，这项指标的整体信度分数是 0.89，这说明这 13 道题目之间具有很高的内在一致性。Baron 等人的研究证明，对于具有暴力亚文化价值观的未成年人而言，其更加倾向于采用暴力的手段回击挑衅。研究认为，暴力亚文化会直接影响受访者是否准备以暴力的手段回击以解决问题，此研究的缺陷在于未曾在成年人中进行测试，该研究在成年人中的适用情况不得而知。

表 6－5　暴力亚文化理论的测量量具

Dixon 和 Lizotte（"一般社会调查"）（1987 年）

1. 防御取向的暴力亚文化
   ①A 的孩子不小心毁损 B 的车子，B 打了 A 的孩子，你赞成 A 去打素不相识的 B 吗
   ②A 在路上看见素不相识的 B 打他的太太，你赞同 A 出手打 B 吗
   ③B 私闯素不相识的 A 家，你赞同 A 动手打 B 吗

2. 攻击取向的暴力亚文化（选项：不赞同 =0，不知道 =1，赞同 =2）
   ①抗议游行队伍中，A 和 B 意见不同，B 动手打了素不相识的 A，你赞成 B 的举动吗
   ②喝醉的 A 在街上无意撞倒素不相识的 B 和他太太，B 动手打了 A，你赞同 B 的举动吗
   ③A 对一名警察口出粗话，警察动手打了 A，你赞同警察的举动吗
   ④警察询问一名涉及杀人案件的嫌犯时，动手打了他，你赞同警察的举动吗

续表

Shoemaker 和 Williams("一般社会调查")(1987 年)
①抗议游行队伍中,A 和 B 意见不同,B 动手打了素不相识的 A,你认为 B 的举动对吗
②喝醉的 A 在街上撞倒素不相识的 B 和他太太,B 动手打了 A,你认为 B 的举动对吗
③A 的小孩不小心毁损 B 的车子,B 打了 A 的孩子,你赞同 A 去打素不相识的 B 吗
④A 在路上看见素不相识的 B 打他太太,你赞同 A 出手打 B 吗
⑤B 私闯素不相识的 A 家,你赞同 A 动手打 B 吗

Tittle(1989 年)
①你认为故意动手打人是一件多么严重的事(信念)
(选项:非常严重,严重,有点严重,不太严重,一点也不严重)
②你认为故意动手打人在道德上是多么错误的事(价值)
(选项:非常错误,错误,有点错误,不很错误,一点也不错误)
③很多事情人们想做却不一定会去做,请你看卡片上的各种情况,然后告诉我你会动手打人吗(价值观)
(选项:几乎一定会,常常会,偶尔会,绝不会)
④过去五年中,你曾经故意动手打过几次人(生活习惯)
(选项:1～2 次,3～5 次,6～10 次,11～25 次,26～50 次,超过 50 次)
⑤如果明天你必须去伤害他人,你会在你认识的人中失去多少尊重(规范)
(选项:一点尊重也不会失去,几乎不会失去尊重,失去一点点尊重,失去一些尊重,失去许多尊重)
⑥在你认识的所有人当中,有多少人每年至少会故意动手打人一次
(选项:全部,大多数,约一半,少部分,没有)

Felson,Liska,South,McNulty(1994 年)
你认为下面哪些行为值得赞许:(非常值得赞许=1,值得赞许=2,还算值得赞许=3,不算值得赞许=4,不值得赞许=5,非常不值得赞许=6)
①不论别人怎么伤害你,都要原谅他们
②以温柔代替愤怒
③不论别人行事多么令人厌恶,你还是要对他们好

Baron,Kennedy,Forde(2001 年)
暴力亚文化(非常反对=1,反对=2,赞成=3,非常赞成=4)
①如果有人先动手打你,你就可以还击
②如果有人以言语羞辱你,你就可以打他
③如果有人惹你生气,你就可以打他
④如果你还击对方,大家就会爬到你头上
⑤为了保住尊严,有时该动手时就动手
⑥为了打击别人的嚣张气焰,有时该动手时就动手
⑦要是有人伤害我,我一定以牙还牙

---

⑧要是有人敢占我便宜,我一定要动手讨回公道
⑨有时我会打一些欠揍、自我、罪有应得的人
⑩我喜欢看别人怕我的样子
⑪我承认有时喜欢打人的感觉
⑫我喜欢跟人吵架
⑬我喜欢看打得头破血流的斗殴

第二节 社会过程理论

社会过程理论主要探求影响人类行为的各种社会文化组织、关系及过程。此学派认为社会上虽然大多数人拥有共同的价值以及社会目标,然而在任何社会阶层中都存在越轨行为,或者某些状况促使人类实施犯罪行为,且这些行为是社会结构无法解释的,是与社会环境互动,即社会化学习的结果。

一、社会学习理论

(一) 差别接触理论

1938 年,默顿提出迷乱理论,一年后,萨瑟兰在《犯罪学原理》中提出差别接触理论。差别接触理论的提出是美国犯罪学理论史上的"分水岭",也是美国犯罪学发展历史上的里程碑。

萨瑟兰对犯罪的认识源于他早期对白领犯罪和盗窃的研究心得,且主要受到法国犯罪学家塔尔德(Gabriel Tarde)和美国犯罪

学家雪林的影响，意图用差别接触理论解释不同层次上的犯罪现象。

塔尔德认为，犯罪是一种习得的行为，他明确反对同时代的犯罪学家龙勃罗梭的生物决定论。他不认为犯罪是由生理违常引起的，犯罪人本来都是常人，他们之所以违法是因为他们在生长环境中学会，并逐渐将犯罪融入自己的生活方式中。他运用"模仿定律"来表达自己的理论，即个人之间的相互学习守法或者学习违法的生活方式，这种理论与亚里士多德的"学习定律"类似。"学习定律"指一个人体内各个感官在学习过程中的相互联系。犯罪主要是由文化冲突、社会解组与接触频率、持续时间的交互作用决定的，如果个体经常与犯罪者发生冲突，那么较易实施犯罪行为；与犯罪者接触越多，越容易发生犯罪。

雪林主要从历史观的角度来检视犯罪。他认为，犯罪源于刑事法律的制定和发展，刑事法律的制定与发展体现了正常的冲突。反之，如果没有发展出一套刑事法律，人们也就不知道什么叫违法了。

萨瑟兰试图提出一个系统且完整的理论。他发现现代社会存在各种各样的正常冲突，这些问题也反映在民众对待违法和守法的价值观上。他将这些观察转变为理论，提出由于人际互动，人们经常暴露在不同的文化信息中，这些不同的信息会影响人们守法或者违法的态度。

萨瑟兰的差别接触理论主要可以概括为以下几点。

（1）犯罪行为是学来的，而不是道听途说的结果。

（2）犯罪行为是在与他人互动沟通的过程中主动学习来的，包括语言、文字、表情与姿势等的交互作用。如果个体居住在高犯罪率的社区中，并不一定会成为犯罪者，但是当他主动与传授犯罪行为者一起参与犯罪实施过程时，就容易产生犯罪行为。

（3）犯罪行为主要通过与行为人关系密切的个人或者团体的互动学习到；而电视、电影、报纸、杂志等不是直接的人与人的接触，对犯罪行为的学习不重要。

（4）犯罪行为学习的内容包括：犯罪技巧的学习、犯罪动机、驱动力、合法化技巧、犯罪态度等。例如，从同辈团体中学习开锁、进商店进行偷窃等行为。

（5）犯罪动机的取舍，主要包括学习守法与违法哪一个对自己比较有利。一个人之所以会犯罪，是因为他觉得违法比守法对自己更为有利。

（6）个体之所以成为犯罪者，是因为其违反法律的倾向超越了遵守法律的倾向，且这种倾向主要是长期与犯罪团体接触学习的结果。

（7）"差别接触"的学习因与犯罪人接触的频率、时间、重要性以及强度等的不同而有所差异。

（8）犯罪的学习与一般行为的学习具有类似的机制和过

程，即犯罪行为模式的学习与其他行为模式的学习相似，并非只是模仿的结果。

（9）虽然犯罪行为是一般需要和价值的一种表现，但不能用一般需要和价值来解释，因为非犯罪行为也是同样的需要和价值的一种表现。对财富或社会地位的追求、个人挫败感等因素并不是犯罪的真正原因，只有当个人接触到会引起犯罪的行为模式时，才是导致犯罪行为产生的主要原因。

与违法或者相关违法态度接触得越亲密、越长久、越频繁的结果是让行为人学习到犯罪行为的技巧、态度、动机，并易于将自己的犯罪行为合理化。差别接触理论就是指个人长期学习违法的态度，或长期暴露在反社会行为中，认为反社会行为是一种对自己比较有利的行为，行为人一旦对犯罪行为产生这种定义，就会从事犯罪。

在发展理论的过程中，萨瑟兰试图取代社会解组理论。社会解组理论主张一个地区的犯罪率高，主要是由于该地区存在的社会解组现象，即犯罪的发生是社区居民失去对环境和青少年违法的控制导致的。但是萨瑟兰认为，高犯罪率地区不一定代表社会秩序的解组，相反，这些地区的社会组织可能与其他地区的社会组织不一样。此理论被他定义为"差别社会组合理论"，并建议用"差别社会组合理论"这个名词来取代"社会解组"的概念，即不同地区的社会组织不同，居民的生活规范、价值、行为模式也会有所差异；生活规范、价值、行为模式的差异会影响居民接触犯罪的机会，以及是否接受违法的价值观，进而产生不同的犯罪率。

（二）社会学习理论

在萨瑟兰提出"差别接触理论"后，很多学者对此进行继承和改造。其中，伯格斯（Burgess）和艾克斯（Akers）的影响最为显著，在1966年发表了一篇重要的论文，且在论文中接受杰弗里的忠告，将"操作行为理论"的概念整合到差别接触理论中，创造了"差别接触增强理论"。操作行为指有目的的、有意识的、自发的行为，这一类行为的学习主要通过奖惩作用来实施，如学习写字、遵守交通规则等行为。此后，艾克斯和他的团队不断地修正和更新，并做了大量的实证研究来进行检验，最后将其命名为"社会学习理论"。这一理论强调行为来自认知、环境等因素之间的因果互动关系，主要表现为艾克斯用行为论修正萨瑟兰的差别接触理论，该理论保留了大部分萨瑟兰差别接触理论的精神，并融入心理学的操作学习理论。

前文介绍了萨瑟兰的差别接触理论的九点内容，对于犯罪是如何学习的具体过程，仅仅提及"直接模仿"的效果，没有对所谓的"学习机制"做出详细的解释。社会学习理论对这方面进行了弥补和充实，并详细阐述了犯罪学习必经的差别增强作用、精熟阶段、持续阶段、停止阶段等过程。犯罪行为一开始从直接模仿而来，后来会持续下去，是由差别增强作用导致的，也就是说，一个人犯罪行为获得不同的奖惩结果，是决定此人未来是否会继续犯罪的重要因素。

艾克斯进一步指出，在学习过程中，可以通过直接的增强作用或者间接作用学会特定行为，包括犯罪行为。例如，当场观察另一个人实施犯罪行为，就可以增强犯罪者的犯罪动机和犯罪行为。这个学习过程也可以是间接的或者替代的，即给予其犯罪的暗示或线索，也可以使其学习到犯罪行为。

增强作用可以是正面的，也可以是反面的。"正增强作用"指给予行为增强或持续的刺激或者鼓励，这种作用包含物质上的或者心理上的；反增强作用指减少让此行为增加或持续下去的刺激或鼓励，包含引起个人反感或不舒服的感觉，对于大多数人来说，这种方案或者不舒服的感觉可能是疼痛、恐惧或者害怕。从社会学习理论来看，取消鼓励或者给予处罚，都可以降低犯罪率。此外，模仿、差别增强、有利于越轨态度等概念，都在艾克斯的研究团队下顺利发展出可操作的测量指标。

在艾克斯修正的理论中，共有四个重要概念：差别接触、差别增强、模仿、态度。个人的社会地位代表了其经常互动的团体特性，这些团体也象征此人平日互动的对象、对其行为做出反应的参考团体，此人与团体的互动将会影响其行为模式、认同的规范，可以决定其认同的是守法还是违法行为。在艾克斯的研究中，选择用年龄、性别、种族、阶级以及其他特征来表示一个人的社会地位，即一个人所处的社会结构可通过社会学习过程影响个人行为。艾克斯发现五个变量对犯罪预测最为有效：前科、结交同龄罪犯朋友、父母/家庭因素、越轨态度以及学校因素。社会学习理论模型如表 6－6 所示。

表 6－6　社会学习理论模型

社会结构	社会学习	犯罪行为 传统行为
社会、社区 年龄、性别、种族、班级 社会、解组、冲突、 家庭、同伴、学校、其他	差别接触 不同的强调 定义 模仿 其他学习的变量	个人行为
不同的社会组织 在社会结构中的不同位置 理论上定义的结构变量 一个群体中不同的社会位置		

综上所述，两个理论都假设犯罪人是理性人，且假设人类经由家庭和朋友等基本团体的社会化过程学习到遵守社会规范的态度或价值观，人是社会的产物，在特定的社会情境中自然而然就选择了特定的行为方式。但是，两个理论都存在一定的不足；两个理论都没有解释最初人为什么要学习犯罪；两个理论都解释了犯罪行为的承接、传播，但是不能解释犯罪的原始起因。将人当作被动的动物，但是由于对人性认识的局限性，社会学习理论忽视了对犯罪信息的感受可能会因人而异的事实。

（三）社会学习理论的应用

1. 差别接触理论的应用

到目前为止，很多对于差别接触理论的验证都是使用未成年人的犯罪数据从微观层面上进行研究。由于萨瑟兰对自己的理论定义本身存在模糊的情况，且没有明确表明理论各概念之间的关系，因此，差别接触理论应用的不确定性长期存在。

Matsueda 于 1982 年使用美国里士满市的青少年犯罪调查资料来测试差别接触理论。在研究中，他较为仔细地测试了萨瑟兰的差别接触理论中的三个重要概念，即有利于犯罪的定义、对同龄人的依附以及越轨的同龄朋友。第一个定义包含 7 道题目，对同龄人的依附包含 2 道题目，越轨的同龄朋友包含 1 道题目。他的研究结果表明，差别接触理论比控制理论的解释力更强，且差别接触理论不再是抽象的理论。这一发现为此理论的应用打下了基础。在此基础上，Matsueda 和 Heimer 于 1987 年运用同样的测量量具进行再一次分析发现："破碎家庭""亲子感情"都可以影响未成年人越轨行为态度的学习过程，进而影响青少年实施犯罪行为，支持了差别接触理论。

Tittle、Burke 以及 Jackson 于 1986 年的研究希望预测到 15 岁以上的受访者在未来实施犯罪的可能性，他们的分析是所有对差别接触理论的实证研究中最为完整的，他们的测量量具几乎涵盖了萨瑟兰的差别接触理论中的所有概念，他们使用 Guttman 分数来测量"与犯罪人来往的密度""对犯罪有利的态度或定义"，其中，后者主要希望测量个体犯罪性的来源，即个人的是非观、守法观以及自我合理化等的来源。"过从甚密"是指假设每个人接触正常人、正常价值观的机会相等，但是有些人倾向给予犯罪的定义较高的评价，造成此人长期受到犯罪人或者犯罪价值观的影响。他们在此基础上设计了几个新的变量，包含：犯罪认知，即平日结交的朋友对犯罪的看法或者认知；害怕；犯罪动机。萨瑟兰认为犯罪动机也是通过学习获得的，因此，犯罪动机应当是差别接触理论中的重要概念之一。在此之前，犯罪动机经常被很多学者忽视。此外，Tittle 等人还设计了一个独特的变量——"未来犯罪的可能性"，也就是运用上述各种因变量来预测个体在未来是否有犯罪的意愿。Tittle 使用的假设性问题与一般的犯罪实证研究的因变量均不同，以前的研究多半以受访者当前或者过去的犯罪行为为准。

McCarthy 于 1996 年提出了另一套差别接触理论的验证方法，他所分析的样本是加拿大多伦多市街头流浪少年与游民收容所的少年。McCarthy 认为，萨瑟兰的差别接触理论中有一项重要的元素被大家忽视，即对犯罪技巧的言传身教。他设计了有关贩毒行为、偷窃行为的问题来测量受访者学习犯罪技巧的过程。选项包含：从来没有；有一些自己不偷不卖的朋友曾提过；自己会偷会卖的朋友或其他会偷会卖的成年人曾提过；无论自己有没有偷过或卖过，两种朋友均提过；有偷过或卖过的朋友以及其他成年人均曾提过。结果发现，犯罪技巧的学习的确对犯罪行为具有显著的影响，这补充了过去应用差别基础理论相关研究的不足。

Heimer 于 1997 年为了验证差别接触理论与暴力行为之间的关系，设计了一套"中介假设"，即社会结构与社会团体对个人最大的影响就是学习有利于犯罪的态度，或者学习守法的态度、价值和信念。她运用美国的"全国青少年调查"资料来验证她的假设，不赞成挑衅、赞成暴力的态度以及朋友实际上曾经实施过暴力行为，这一测量与安格纽测量合理化概念的方法在逻辑上是相似的。结果发现，暴力犯罪是因为青少年学习到赞成暴力的态度，赞成暴力态度的学习是因为结交了很多具有暴力行为的朋友、少年本身的社会经济地位等因素。差别接触理论关键概念的测量如表 6 - 7 所示。

表 6 - 7　差别接触理论关键概念的测量

Matsueda(1982 年)
1. 有利于犯罪的定义(选项:非常同意,同意,看情况,不同意,非常不同意) 　①所谓"少年犯罪"问题,其实大部分没有伤害到谁 　②只要不被抓到,违法也没关系 　③我很尊重警察 　④警察对所有少年一视同仁 　⑤为了出人头地,违法也没关系 　⑥人在江湖,身不由己 　⑦笨人本该被骗
2. 与同龄人的关系 　①你想成为你的好朋友那种人吗(选项:不想 = 0,有点想 = 1,很想 = 2) 　②你会不会尊重好友在重大事件上的意见(选项:不尊重 = 0,有点尊重 = 1,会尊重 = 2,非常尊重 = 3)

续表

3. 越轨的朋友
你有几个好朋友曾被警察逮捕过(选项:1个=1,2个=2,3个=3,4个以上=4)

Tittle、Burke和Jackson(1986年)

1. 与犯罪定义的联系
①在你的朋友中,有多少人曾违法(逃税、非法赌博、伤害他人)
②你的朋友中,有多少会"偷150~1500元,非法赌博"(选项:几乎所有人=5,大部分=4,一半=3,少部分=2,几乎没有=1)
③你的朋友中,有多少会做以下的事:非法赌博,逃税,偷150元,吸大麻(选项:几乎所有人=5,超过一半=4,约一半=3,少于一半=2,几乎没有=1)

2. 容忍力(有利于犯罪的态度和合理化态度)
①你认为下列行为的错误程度:非法赌博、吸大麻、逃税(选项:完全错误=5,不是大错=4,有点错误=3,错误=2,完全不是错误=1)
②你认为下列行为之严重性如何:非法赌博、吸大麻、逃税、偷150元、偷1500元、伤害他人(选项:非常不严重=5,不太严重=4,有点严重=3,严重=2,非常严重=1)
③下列行为应该是违法的:非法赌博、吸大麻、逃税(选项:非常同意=1,有点同意=2,不同意也不反对=3,有点不同意=4,非常不同意=5)
④居民社区有权要求你不赌钱

3. 可接受度——好意的规范的期待
如果你明天从事下列事项被认识的人发现,他们会减少对你的尊敬吗:非法赌博、吸大麻、逃税、偷1500元、偷150元、伤害他人(选项:不会,几乎不会,有点会,会,一定会)

4. 动机
很多事情我们想做,但不一定付诸实践。你想做下列事项吗:非法赌博、吸大麻、逃税、偷1500元、偷150元、伤害他人(选项:天天想,常常想,偶尔想,从未想过)

5. 预测未来犯罪行为
假设明天你很想或者不得不从事下列事项,付诸实践的可能性为:非法赌博、吸大麻、逃税(选项:绝不可能=1~非常可能=5)

McCarthy(1996年)

1. 对越轨行为的态度
①违法其实没什么(选项:绝不能接受=0,少数情况是可以接受的=1,有些情况是可以接受的=2,多数情况是可以接受的=3,几乎都是可以接受的=4)
②伤害、毁坏、占有他人财物,有时并不完全是错的(选项:非常不同意=0,不同意=1,看情况=2,同意=3,非常同意=4)
③吸毒应该合法化(选项:非常不同意=0,不同意=1,看情况=2,同意=3,非常同意=4)

2. 偷窃、贩毒的言传身教(选项:从来没有 = 0,有一些自己不偷不卖的朋友曾提过 =
1,自己会偷会卖的朋友或其他会偷会卖的成年人曾提过 = 2,无论自己有没有偷过或
卖过,两种朋友均曾提过 = 3,有偷过或卖过的朋友以及其他成年人均曾提过 = 4)
①有人曾提过想帮你偷窃或贩毒吗
②有人帮你偷窃或贩卖毒品吗
③你怎么知道偷窃或贩毒可以赚钱

Heimer"全国青少年调查"(1997 年)

1. 不赞成挑衅(选项:非常错误 = 1,错误 = 2,有点错 = 3,完全没错 = 4)
你觉得一个成年人无缘无故打人或威胁打人在多大的程度上是错误的

2. 赞成暴力的定义(选项:非常反对 = 1,反对 = 2,不赞成也不反对 = 3,赞成 = 4,非常
赞成 = 5)
①为了赢得朋友的敬意,有时打人是必要的
②别人骂你,你就可以打他/她
③别人挑逗你,你就可以揍他一顿
④打人是让别人乖乖听话的方法之一

3. 朋友的挑衅行为(选项:没有 = 1,有几个 = 2,有一些 = 3,很多 = 4,全部 = 5)
你的朋友里有多少人去年动手打过人或威胁要打人

2. 社会学历理论的应用

对于艾克斯的社会学习理论的验证,相对来说困难不是很大,因为艾克斯等人在 1979 年提出了社会学习理论最为完善的实证研究方法,之后的很多研究都是以此为研究基础的,其研究大致包含 16 个不同的概念,与萨瑟兰的差别接触理论相比,增加了大约 10 个题目,这些变量大致可以分为四大类:模仿犯罪、差别接触、差别增强以及有利或不利违法行为的态度。

在艾克斯提出社会学习理论后,Winfree 等人设计出一套测量社会学习理论更加简易的办法,使用了三类题目来

测量差别接触的概念：同龄帮派朋友、同龄朋友的反对，自己重要的成人的反对。测量了差别增强的三个方面：同龄人的反应、父母的反应以及综合反应。所谓综合反应包含将帮派的好处得分进行加总（1～5）和帮派的坏处得分进行加总（-5～-1）的总和，如果得分为负数，代表综合反应不利于增加帮派行为，反之则表示综合反应赞成帮派行为。他们的研究发现，社会学习理论中的各个变量都与未成年人犯罪行为显著有关。社会学习理论的测量如表6-8所示。

表6-8　社会学习理论的测量

Akers、Keohn、Lanza、Kaduce、Radosevich（1979年）

1. 模仿（分数为0～10分）
   模仿指数：受访者曾看过自己的偶像喝酒、吸大麻

2. 有利或不利犯罪的定义
   ①合理化指数：以Likert量表获得六个题目的综合得分，这六道题目分别测试三种合理化过程：否认造成被害人伤害，否认自己的责任，谴责指责者（选项：非常赞成＝1～非常反对＝4）
   ②守法与违法的态度
   受访者对遵守或触犯一般法律的态度，以及遵守或触犯毒品与饮酒相关法律的态度
   ③受访者是否赞成喝酒或吸大麻行为

3. 差别接触
   ①重要他人是否守法
   受访者是否赞成他们尊重的人喝酒或吸大麻
   ②重要同伴是否守法
   受访者是否赞成他们尊重的朋友喝酒或吸大麻
   ③同伴交往情况
   有多少好友曾经喝酒或吸大麻
   有多少常往来的朋友曾经喝酒或吸大麻
   有多少老友曾经喝酒或吸大麻

4. 差别增强:社会层面

　　①鼓励滴酒不沾或不吸毒:受访者回答亲友均鼓励自己不喝酒、不吸毒

　　②朋友对受访者饮酒与吸大麻的反应:受访者认为若喝酒或吸大麻,朋友可能有的反应(选项:非常鼓励喝酒吸大麻~鼓励自首)

　　③父母对受访者饮酒吸大麻的反应:受访者认为若喝酒或吸大麻,父母可能有的反应(选项:非常鼓励喝酒吸大麻~鼓励自首)

　　④父母非正式的吓阻力:受访者认为若喝酒或吸大麻,父母得知的可能性有多大

　　⑤法律吓阻力:受访者认为若喝酒或吸大麻,被警察捉到的可能性有多大

　　⑥是否影响重要作息:受访者认为若喝酒或吸大麻,是否会影响到其重要的日常作息

5. 差别增强:社会层面/非社会层面

　　①喝酒吸大麻的社会与非社会报酬 – 成本(曾经喝酒或吸大麻的受访者获得的所有好处 + 未曾喝过酒吸过毒的受访者认为喝酒吸大麻可能有的好处) – 喝酒吸大麻的好处

　　②增强效果之平衡

　　受访者自行评估喝酒吸大麻所获得的好处与坏处是否平衡

　　③喝酒吸大麻的效力

　　受访者喝酒吸大麻后的效力(完全无效、很大的好处、很大的坏处)

Winfree、Mays 以及 Vigil Backstrom(1994 年)

1. 差别接触

　　①帮派朋友:你最好的朋友中有多少是帮派分子(选项:没有或几乎没有 =1,少于一半 =2,多于一半 =3,全部或几乎都是 =4)

　　②朋友反对态度:你所尊重的朋友,他们对帮派的态度如何(选项:非常赞成 =1,赞成 =2,看情况 =3,反对 =4,非常反对 =5)

　　③重要成人反对态度:你所尊重的成年人,他们对帮派的态度如何(选项:非常赞成 =1,赞成 =2,看情况 =3,反对 =4,非常反对 =5)

2. 差别增强

　　①朋友之反应:你大部分的朋友若得知你是帮派分子,他们会怎么做(选项:持肯定态度 =1,不支持也不反对 =2,持反对的态度 =3)

　　②双亲之反应:你的双亲或监护人若得知你是帮派分子,他们会怎么做(选项:持肯定态度 =1,不支持也不反对 =2,持反对的态度 =3)

　　③净效果 = 下列所有项目的总分

　　不管你是不是帮派分子,你觉得当个帮派分子有以下好处吗:觉得自己是个成功的人;觉得自己很酷;觉得自己更像偶像;觉得很刺激;可以赚钱(选项:有 =1,没有 =0)

　　不管你是不是帮派分子,你觉得做一个帮派分子有以下坏处吗:觉得会惹到警方;觉得会惹到父母;觉得会受伤;觉得会失去朋友(选项:有 =1,没有 =0)

续表

---

3. 差异定义

你赞成以下事项吗(选项:反对 = 1,不反对也不赞成 = 2,赞成 = 3)

①结交帮派朋友

②自己加入帮派

③参加帮派非法活动,如打架

④帮派老大要你做什么,你就会做什么

4. 对帮派的正面态度

你加入帮派了吗(选项:有 = 1,没有 = 0)

二 中立化理论

(一) 中立化过程

赛克斯 (Sykes) 和马茨阿 (Matza) 在 1957 年提出了中立化理论。中立化技巧可以看作弗罗伊德心理分析防御机制的衍生物,也是一种特殊的犯罪社会学心理理论。大部分的犯罪学教材将中立化理论归纳到社会控制理论或者社会学习理论中,由于中立化理论强调的是犯罪对犯罪人的意义,因此,Vold 和他的团队认为这个理论是符号互动理论的一个分支;由于中立化理论使用了弗洛伊德的防御机制的概念,因此Bohm认为中立化理论是犯罪心理学的一个分支。本书将遵循赛克斯和马茨阿的观点,将中立化理论作为一个独立的理论进行介绍。

在阐述中立化理论时,赛克斯和马茨阿观察到未成年人犯罪有以下三个现象:一是他们有时表现出对自己的违法行为的罪恶感；二是他们通常会推崇诚实守法的人；三是他们明确区分什么人可以侵害，什么人不能侵害。根据这些观察，赛克斯和马茨阿得出结论，未成年人的犯罪原因并不是缺乏对遵纪守法的认知，即未成年人的犯罪并没有表现出与主流文化冲突的亚文化，大多数未成年人的犯罪行为产生于一个至今仍然没有被认识的、对犯罪防御机制的延伸，这种防御机制的延伸形式使未成年犯罪人把越轨行为看成合理的行为。然而，在法律制度或社会大众眼里，这些行为仍然是越轨行为。

中立化理论主张，个人是否遵守社会规范，完全在于他们是否具有为自己的违法行为进行辩解的能力。赛克斯发现个人会下意识地扭转事实真相来为自己的犯罪行为进行辩护。如此一来，便可以使自我形象免受损害，或者使自己免于自责。大多数未成年犯罪人没有表现出对犯罪价值的认同，也不觉得自己是犯罪人，所以他们实施犯罪行为时，就必须中立化自己的行为，以减轻内心的罪恶感。

根据中立化理论，犯罪人通常用五种中立化技巧来暂时摆脱社会规范对自己的约束，这五种中立化技巧表现为如下内容。

否认自己的责任（我不是故意的，我只是忍不住）。犯罪人经常会认为其行为责任不应该完全由自己承担，因为他们认为犯罪行为是由一些无法控制的力量导致的。

否认造成伤害（我没有伤害任何人）。即犯罪人经常会否认自己所做出的非法行为，将其行为合理化，如将野蛮的破坏行为解释成失去控制的恶作剧。

否认有被害人（他们自找的，谁叫他们在那里出现，谁叫他们带珠宝，谁叫他们要穿那么少）。犯罪人经常认为那些被害者之所以被害，是因为他们罪有应得。

责备掌权者（大家都只盯着我，其实人人都在犯罪）。犯罪人会尝试将注意力从个人行为转移到那些反对他们的人身上，攻击那些谴责他们的人。例如，父母责怪孩子回家太晚，或者在外面发生暴力违法行为等，这些孩子会反驳父母抽烟喝酒等行为。

诉诸更高情商或权威（我这样做，不是为了我自己，在友谊与法律间挣扎——我讲义气，我不能出卖朋友）。犯罪人认为周围的环境比社会的大环境对于自己更加重要，因此，顺从自己身边的小团体，并且做一些对团体有利的事情，可以将自己的违法犯罪行为中立化。

赛克斯和马茨阿认为，这些中立化技巧实际上是法律上可接受的犯罪借口的延伸。这些技巧为未成年犯罪人实施犯罪行为做好了心理准备，他们的行为是对主流的常规社会的打击，而不是创造另一套相反的价值体系；他们是社会风气的自然延伸，而不是另起炉灶，创造新的东西。赛克斯和卡伦认为这些技巧不仅助长了未成年人犯罪的苗头，对成年人犯罪也有同样的影响。

在论述他们的理论时，赛克斯和马茨阿表明，中立化技巧是"赞成犯罪的定义"的类型，与萨瑟兰论述的差别接触理论一样，但是他们不认为犯罪来自亚文化的主张。亚文化理论认为，青少年成长在含有反对主流文化、反对守法价值的文化环境中，于是便自然地接受了这些价值观，把犯罪当作一件正当的事情。但是，中立化理论认为，中立化技巧是未成年人犯罪时所必需的、用来保护自己、暂时改变自己的内在价值观，以免违法后受到罪恶感、羞愧心的困扰。因此，未成年犯罪人其实是了解且认同传统的规范和价值的，只是通过短暂地改变自己认知的方式来减少自己的羞愧感；而亚文化认为犯罪是一件自然的事，并不会使犯罪人产生愧疚或者罪恶感，也无须找借口来中立自己的犯罪行为。

中立化理论自提出以来，得到很多实证派的支持，但是未成年犯罪人与普通的未成年人在价值观上是否存在不同，这一争论一直存在。Buffalo、Rogers、Regoli 以及 Poole 的研究发现，受访的犯罪人通常都表示自己认同传统的道德价值观，他们在道德观念上和普通人一样。Yochelson 和 Samenow 发现，无论多么罪大恶极的罪犯，他们都不会承认自己是犯罪人，却可以轻易地辨别其他人的犯罪行为。也有人认为，赛克斯和马茨阿的数据来自在监狱服刑的未成年犯罪人，这些人在接受访问时，可能会努力树立好的形象，会尽量表现出对传统价值观和道德观认同的一面，至于是不是真的认同，无从得知。Hindelang 的研究发现，未成年犯罪人与普通人的道德价值的确存在差异，未成年人没有真正的罪恶感，因此，未成年犯罪人也不需要用任何中立化技巧来中立化自己的犯罪行为。赫希也对中立化理论提出质疑，他认为合理化行为是在偏差行为者犯罪之后，这种行为便失去了其作为犯罪原因的解释能力，而且很多人在成年后仍然进行更为严重的犯罪行为。因此，争论主要存在两点：一是成年犯罪人和未成年犯罪人是否具有相同的价值观和道德观；二是中立化在犯罪之前是不是必需的。然而，犯罪学界的一般共识是，中立化理论的五种技巧有助于分析犯罪行为，其测量不复杂，且可增加标准化测量的可能性。

（二）中立化理论的应用

在运用中立化理论进行实证分析时发现，研究的困难在于没有标准化的测量方法。"中立化"指个体暂时抛弃行为的道德标准，这样便可以自由行事，不受道德规范的约束。但是中立化本身不是严格的道德上的是非对错，因此不能将中立化理论与从事违法行为混淆。

对中立化理论进行测量的分析中较好的有 Rogers 和 Buffalo 设计的五种中立化技巧。在研究中，他们试图将所有的项目合成 Guttman 量表，且增加了两个有关"评估犯罪责任"的中立化技巧的问题，之后的研究又将五种中立化技巧变成了四种。

另一个对中立化测量进行研究的是舍曼（Thurman）。他对中立化技巧提出了操作型定义。这一研究包含了塞克斯和马茨阿理论中提出的五种中立化技巧，且在最后的测量中又加了两种中立化技巧来丰富和发展原来的理论，即"必要的自我防御"和"善恶报应"。他的研究发现，中立化技巧可以有效地预测普通成年人可能发生的犯罪行为，不仅如此，这一测量还可以有效地预测逃税与漏税行为。

安格纽于 1994 年认为首先需确定中立化技巧是否在未成年人犯罪行为发生之前就已经存在，这一点是决定赛克斯和马茨阿的中立化理论是否有效的前提。安格纽使用了美国的"全国青少年调查"的数据来验证中立化理论的有效性，并将"接受中立化技巧"和"支持越轨行为"的两个概念区别开来。通过采访被访者，无论基于什么理由，他们是否赞成暴力行为，发现中立化技巧对于暴力行为有较强的促进作用，特别是当未成年人结交其他的犯罪同伴时，中立化技巧会高度影响他们采取暴力行为的可能性；反之，如果未成年人无论在任何条件下都不赞成暴力行为，那么中立化技巧对暴力行为的影响会大大降低。这些有条件的效果解释了为什么很多以前的研究结果出现了不一致的情况。换言之，中立化技巧与犯罪行为有关，研究也解释了为什么中立化技巧在很多研究中对越轨行为只有微弱到中等程度的影响力。安格纽利用两次追踪调查资料所进行的两次研究中，仅仅采用了一项中立化技巧，即否认存在被害人。中立化理论的测量如表 6-9 所示。

表 6 - 9 中立化理论的测量

Rogers 和 Buffalo(1974 年)

　　①我闯祸是因为交友不慎(否认责任)
　　②我不是故意闯祸,是忍不住(否认责任)
　　③我闯祸其实没那么严重,又没人受伤(否认伤害)
　　④就算有人因我而受伤,要么是他活该,要么是他承受得了(否认有被害人)
　　⑤我之所以进少年矫正学校,完全是因为老师对我不公平(责怪掌权者)
　　⑥法官一开始就对我有成见(责怪掌权者)
　　⑦为了不出卖朋友,我只好闯祸(诉诸更高情操或权威)
　　(选项:完全同意,同意,不同意也不反对,反对,完全反对)

舍曼(1984 年)

　　①不懂法律而触法,应该没关系(否认责任)
　　②只要没人受伤,触法也没关系(否认伤害)
　　③被害人要是坏人,触法应该没关系(否认有被害人)
　　④违反你看上去不公正的法律,应该没有问题(责怪掌权者)
　　⑤为了帮助朋友,违法应该没关系(诉诸更高权威或情操)
　　⑥在别无选择的情况下违法应该没关系(必要的自我防御)
　　⑦平常诚实守法的人如果违法比较可以原谅,但平常撒谎成性者不可原谅(善恶报应)
　　(选项:完全同意,同意,不同意也不反对,反对,完全反对)

安格纽(1994 年)

1. 1978 年"全国青少年调查"
　　①对方如果先动手,我们打他是应该的
　　②对方如果惹你生气,被打就是活该
　　③为了面子或挫别人的锐气,有时动手打架是必要的

2. 1979 年"全国青少年调查"
　　①对方如果先动手,我们打他是应该的
　　②对方如果惹你生气,被打就是活该
　　③对方动口骂你,你就可以打他
　　④如果你不反击,人家就会骑在你头上
　　(选项:完全同意,同意,不同意也不反对,反对,完全反对)

三 控制理论

　　前述对于犯罪学理论的介绍主要在于对犯罪动机的分析,假设每个人都是善良的,社会环境、接触到的人等因素会引导

善良的人走向犯罪，从而解释人为什么要犯罪的问题。本部分的重点是，通过犯罪理论来分析人为什么不会犯罪。此理论认为，人性本恶，每个人心中都有欲望，所以违反规范或者做出犯罪行为是人性的一部分。因此，只研究为什么犯罪或者犯罪的动机无太大意义，反而是那些不违反规范或者从不犯罪的人更值得去研究，犯罪学家应该问的一个问题是："人为什么不犯罪？"

在社会控制理论中，赫希的社会约束理论运用较为广泛。社会约束理论认为：人们行为的选择，在很大程度上取决于人们受到传统行为模式约束的强度。当个人的行为受到社会约束比较强时，其各种行为的选择都会受到社会规范的牵制和干扰；相反，如果个人的社会约束比较薄弱，他的行为就比较随心所欲，受社会规范的制约力较小。社会约束力是制约每个人心中欲望的重要力量，当社会约束减少或者消失后，发生犯罪行为的概率就会相应增加。

（一）社会控制理论

当代社会控制理论的哲学根基是法国社会学家迪尔凯姆的思想。他认为，社会团结、社会结合等是把社会上的人们凝聚在一起的黏合剂，社会团体是由两套相辅相成的社会功能组合在一起的，一套关于融合；另一套关于规章制度。人性也由两个方面组成，一方面是以社会利益取向为主的社会我；另一方面是以自我利益取向为主的原始我。如果没有社会我，那么原始我就是不完全的自我，且充满了无边无际的冲动。在当前高度发展起来的社会融合和社会规章制度下形成的社会团结，使原始我逐渐朝着更加社会我的方向发展：一方面允许不侵害他人或社会权益的个人欲望得以实现；另一方面又限制侵害他人或社会权益的个人欲望。如果社会团结不被开发出来且被维系住，那么犯罪行为和未成年人的越轨行为就会滋生蔓延。

迪尔凯姆认为，当社会控制不完整或者不完全有效时，我们就不能期待人们绝对地遵纪守法；各种犯罪行为和未成年人的越轨行为才是符合人性的。道德联系代表一种约束个人和他人的黏合剂。这种约束，无论从个人的心理上还是从社会生活上来看，都是必不可少的。个人的一举一动均受到他人的束缚或者牵引，这种约束或者牵引，控制个人行为的道德，道德成为规范个人违法行为的重要力量。

迪尔凯姆提出的道德和中国文化中的道德在意义上有一点不同。前者指来自人与人的关系结构的道德，是通过个人与社会的连接而产生的；中国文化中强调的道德指各种美德，通过个人修养，在自己的社会角色中乐天知命。人欲，与中国儒家文化中的教诲类似，儒家文化认为，私欲，也称为人欲、物欲，是人人都拥有的，因此不能抹杀它们的合理性，但是，对人欲要进行控制，不能任由其发展，否则会频繁出现犯罪现象。

迪尔凯姆主张道德来自外在控制，这种节制有助于个人的心理健康，也有助于维系社会生活。很多成长在恶劣环境中的人一生都是守法的公民，他们辛勤工作，获得微薄的酬劳，节俭度日，期待未来有翻身的机会；反之，很多出生在中上阶层的人，偷窃、吸毒等违法行为无所不做。因此，要解释前者为什么愿意守法，必须分析他们一生如何与社会互动、如何学习传统规范、如何与他人产生连接关系。

早期控制理论的学者赖斯指出，未成年人犯罪之所以发生，是因为一个人所生活的团体或者制度缺乏内化了的规范和惩治违规者的条令；是因为以前建立的控制失灵了，规范和条令朝令夕改造成了混乱，或者没有相应的配套设施来执行条令。

另一位早期控制理论学家奈（Nye）也提出了一套系统的"以家庭为核心的社会控制论"。他明确指出犯罪学需要解释的现象是个人为什么服从规范，而不是解释个人为什么违反规范。犯罪学的理论问题不是要找出犯罪的原因，而是要找出犯罪为什么不更加普遍，即需要找出不犯罪的原因。

奈的主张使控制理论的研究问题更为清楚，并且区分了控制理论与其他犯罪学理论在出发点上的差异。奈希望解释为什么很多人不犯罪，即使明知犯罪对满足自己的欲望更加有利，还是坚持不犯罪。他提出三种预防犯罪的社会控制：第一种社会控制为"直接控制"，如父母对不听话的小孩施加处罚或威胁，对听话的小孩给予奖励；第二种社会控制是"间接控制"，如小孩遵纪守法因为不想让他们深爱的亲人失望和伤心，当子女做错事情或者不听话时，父母可能会通过自残、寻死等方式来"惩罚"子女，达到控制子女的目的；第三种社会控制是"内在控制"，即以发展青少年的内在良知、良心或者罪恶感来防止其从事越轨行为。以上三种控制力的原动力是家庭，因此其理论称为"以家庭为核心的社会控制论"。

还有一个著名的控制理论分支是雷克利斯（Reckless）提出的抑制理论。抑制理论认为，人之所以可以抗拒犯罪诱惑，是因为这些人在 12 岁之前养成的"正面自我形象"和"自我力量"。个人为了维持正面的自我形象，通常会尽可能抗拒从事违法或者犯罪的行为，总而言之，抑制个人犯罪行为的力量包括以下五项：内在的抑制力、外在的抑制力、内在的推力、外在的压力以及外在的拉力。

内在的抑制力包括人格的内在力量，如良好的自我概念、较强的自我、高度的挫折忍受力和目标取向等；外在的抑制力指社会或者社会团体平时用以控制其成员的规范性约束力，如归属感、统一的道德模式或态度、规范、价值和目标的增强、有效的监督、纪律以及有意义的社会角色等；内在的推力是指每个人心中的不安、不满、敌意、叛逆、心理冲突、焦虑以及贪图享乐的本能，这些本能每每在心中骚动，就会把个人推向违法或者犯罪的道路；外在的压力指个人遭遇到相对剥夺感、贫穷、失业、缺乏安全感，或者属于少数族群、出身贫寒，缺乏翻身的机会，或者生长在机会不平等的社会，这些都是个人在社会上面临的结构压力，都是迫使个人选择违法或者犯罪道路的因素；外在的拉力指结交越轨同伴、生长在犯罪亚文化或者越轨团体中，个体一旦结交越轨朋友，或者处于对犯罪缺乏罪恶感的亚文化或者越轨团体中，就相当于外在产生一股拉力，把个人拉离常规，拉进犯罪的旋涡中。雷克利斯认为，好孩子之所以好，是因为他们已经发展出"绝缘"的自我概念，这个自我使他们绝缘于引诱，或者帮助他们抵抗内在的、外在的种种诱惑。

此理论指出，两种抑制力有助于建立阻止一个人做出违反法律以及社会规范的偏差行为的防波堤，这两种抑制力的作用在于，使青少年和诱使人犯罪的压力和拉力相隔离。如果实际上存在引发犯罪的社会原因，则抑制力扮演着阻止犯罪的社会原因的援助方。如果个人的内在自我控制能力或者外在社会环境的控制力减弱，则容易使人走向犯罪的道路。

赫希于1969年在他的著作《未成年人犯罪的原因》一书中提出了社会约束理论。他的这一理论的完整性超越了其他各种控制理论的分支，该理论可以概括为未成年人犯罪是天生的，循规蹈矩却是被后天塑造出来的。在此之后，赫希的社会约束理论成为犯罪学的理论之一，很多学者对这一理论进行了验证，社会约束理论是过去三十年来被数据测试过最多的犯罪学理论。

赫希理论的基本假设是：我们都有罪犯的欲望，其实，常人都是动物，都会自然而然地有能力犯罪，有些人不犯罪是因为受到社会传统的束缚。如果个人不受社会传统的控制，行为便会不受控制且随性所为。此外，赫希受到奈的控制理论的影响，提出犯罪理论应该致力于寻找人不犯罪的原因。他从心理学观点出发，发展出自己的控制理论版本。他提出的假设是：每个社会都有一套组成传统道德秩序的信念，以这个假设为基础，进而推论，犯罪或者不犯罪是由个人社会约束上的差异形成的。社会约束的强度因人而异，社会约束弱的人，比较自由自在，当诱惑出现时，比较容易跟着诱惑走；社会约束强的人，会考虑各个方面的因素，使自己无法摆脱社会道德对自己的束缚，因而不会犯罪。赫希认为在社会化过程中，个人和社会彼此建立起强度大小不同的社会纽带，以防止个人去实施犯罪行为，如果社会纽带逐渐减弱或者瓦解，社会约束成员的能力就逐渐减弱。因此，他认为社会纽带主要包含以下几个方面。

依附（Attachment）。依附指个人对家人、亲友、师长等重要的人所产生的感情联系，其中，对父母的情感依附最为重要。即使父母分居或者离婚，只要孩子依然深爱父母一方或者双方，只要孩子对父母的情感依附度高，就不容易犯罪。因为在实施犯罪行为时，有依附感的孩子会考虑他人的感受，怕失去爱，怕让自己所在乎的人伤心失望，因而放弃犯罪的企图。

承诺（Commitment）。这一要素包括个人追求理想与世俗目标的动机、对传统活动的投入等。无论是追求"高学历"

还是"致富"或者"成名"等，那些愿意投入传统活动的人之所以不容易犯罪，是因为实施犯罪行为会阻碍他们获取成功。当一个人对传统活动越投入，就越会担心失去自己已经取得的成就，从而越不容易犯罪。反之，不愿意参加或投入社会所赞许的传统活动中的人，就比较想实施犯罪这一类冒险的行为，因为他们无所追求，也无所损失。

参与（Involvement）。参与指每个人花在正当活动上的时间的多寡。所谓正当活动，指的是阅读、做功课、宗教活动、家庭休闲等活动。赫希认为邪恶是从懒惰者的手中产生的，如果一个人全心全意地参与传统且有益身心的各种休闲活动，会没有时间去考虑或者实施偏差行为。因此，每天按时去上学、常常运动或者常与家人在一起，都可以抵抗犯罪的诱惑。

信念（Belief）。如果一个人不尊重社会道德规范及法律，或不信仰警察的公权力，且竭力去赞许迎合法律漏洞，那么这个人就极易产生无规范状态，实施犯罪行为。如果一个人相信社会中心价值，社会中心价值的信念减弱或者消失，那么这个人就可能产生违法行为；反之，这种社会中心价值的信念不会减弱或消失，那么这个人比较不容易犯罪。赫希认为个人对法律规范的信仰，来自其对父母、学校及同辈团体的依附；个人如果不尊重父母师长以及同辈团体，又怎么能期待他去尊重社会规范以及法律呢？

　　赫希的社会控制理论的主要理论框架是通过四个"社会纽带"来说明一个人如何依附在社会的基本价值观上来实施其行为的。一般而言，社会纽带建立在孩童早期对父母、同辈团体、老师和其他具有效仿学习和赏罚权力的成人的自然依附基础上。未成年人通常会因为家庭亲友关系破裂，或者淡漠成为疏离孤独的人。为了满足个人欲望，他们会仔细算计，不惜牺牲他人的利益，甚至朋友也可以出卖，在这样的情况下，社会纽带极弱，甚至不存在，青少年很容易发生越轨行为。

　　值得注意的是，赫希称为"信念"的，无论在概念上还是在操作定义上，都受到了赛克斯和马茨阿提出的中立化理论的影响。赫希也认为中立化理论是解释一个人明知为失德之事，却继续实施的一个尝试。但是赫希不同意中立化理论的影响力大到足以动摇一个人根深蒂固的传统信念这种观点。他认为，使用中立化技巧，本身就说明犯罪人的传统价值观不强，因此，根本没有价值需要被中立化。

（二）社会控制理论的应用

　　赫希的社会控制理论是所有犯罪学理论中较少被一直使用的实证研究发展的理论，赫希本人很认同实证研究的重要性，所以他提出的社会约束理论的四个要素都较容易测量，也因此，他的理论带动了很多实证研究的发展，并将实证研究快速传播。赫希本人使用的资料是 1965 年美国加利福尼亚州里士满市的 3605 位男性青少年的信息，这些资料中包含收集的问卷，警方的案底以及学校的学生档案记录等。在验证自变量的效果时，他在书中列出一百多张统计表格，运用百分比、双变项统计方法等方式来展现其研究成果，为之后的研究者们提供了有迹可循的研究思路。

在赫希的研究基础上，很多研究者重新分析赫希当时使用的资料，运用更加复杂的统计方法来处理。对社会约束理论进行重大修正的另一个尝试是 Wiatrowski 等人 1981 年针对青少年过渡期所进行的调查研究。在这项研究中，除了希望保留赫希的四项社会约束因素之外，还添加了其他因素，如依附部分进一步被拆分为对父母情感的依附、与父母的亲近程度、对朋友的依赖、和朋友在一起的时间、对学校正面和负面的态度、学校成绩、自我形象以及老师对自己的关注程度等因素。在信念方面，研究测量了少年对诚实与罪恶感两个层面的传统道德观。研究结果发现了少年约会活动与犯罪之间的关系：常出去约会的男孩更容易犯罪。

Marcos、Bahr、Jahnson 等人 1986 年对赫希的社会控制理论有较为深入的分析，将赫希原来的四个因素改为对父母、宗教、学校的依附以及对传统价值的信仰。他们认为自己设计的宗教依附可以加强社会约束理论，对学校的依附同时包含了参与学校以及对学校的承诺这两重意义，此研究的因变量是男性与女性少年的抽烟、喝酒、吸大麻等越轨行为。研究结果发现，不论使用哪一种毒品，越轨行为的产生过程都很相似，最重要的因素是结交了吸毒的朋友，这是促使少年走上吸毒之路的最大因素。

Wiatrowski 和 Anderson 在 1987 年用了与 1981 年同样的资料，但是选择了更加精确的分析方法。他们设计了社会约束的八项测量指标，发现其中四项会影响未成年人犯罪，这四项指标分别是对父母的依附、对学校的依附、约会活动以及信念。安格纽于 1991 年采用了"全国青少年调查"的数据，以长期追踪设计的方式来验证理论。他将依附分为两个部分：对父母的依附和对学校的依附；又将"承诺"这个概念分为从主观和客观两个方面来评估少年在校的表现，但是这一指标没有参与测量，因此，安格纽的研究部分支持了社会控制理论。

Costello 和 Vowell 1999 年发现，问卷中的题目可以构成五个社会约束的隐形因素，即对父母的依赖、无形的监督、对朋友的依附、学校约束以及信念。赫希将原来提出的"承诺"与"参与"合并为一个新的要素，即"学校约束"。他又将这五个因素合并为一个被称为"社会约束"的隐形概念。研究结果发现，虽然社会约束薄弱、朋友实施犯罪行为两种因素均会导致未成年人的犯罪行为，但是社会约束的影响力远远超过交往有越轨行为的朋友的影响力。社会控制理论的测量如表6-10所示。

表 6 - 10　社会控制理论的测量

Wiatrowski、Griswold 和 Roberts("变迁中青少年调查")(1981 年)

1. 依附
    ①与母亲亲近度指数
      你跟母亲有多亲近
      你想成为你母亲(或主要女性照顾者)那样的人吗
    ②与父亲亲近度指数
      你跟父亲有多亲近
      你想成为你父亲(或主要男性照顾者)那样的人吗
    ③对朋友的依附:朋友在你的生活中有多重要
    ④和朋友在一起的时间:和朋友在一起对你有多重要
    ⑤肯定学校指数
      我对学校很满意,因为我可以从中学到想学的东西
      我相信学校能帮我成为一个成熟的大人
    ⑥否定学校指数
      我觉得上学很无聊,没学到什么我觉得重要的东西
      上学等于浪费时间,还不如在校外学得多
    ⑦学校表现指数
      不断学习,成为有教养的人
      好好学习,获得好成绩
    ⑧学习能力自我评价:跟同学比起来,你觉得自己的学习能力如何
    ⑨老师关注度:老师常关心你在校的表现吗

2. 承诺
    ①Duncan 设计的对未来期望的登记表
    ②清楚的生涯规划:你觉得实现自己目前的生涯规划可能性有多高
    ③在职培训:你在职培训的可能性有多高
    ④高中毕业:你高中毕业的可能性有多高
    ⑤从军:你投笔从戎的可能性有多高
    ⑥读大专院校:你读大专院校的可能性有多高
    ⑦读大专院校的规划:你有读大专院校的具体规划吗
    ⑧约会的计划:
      在学期间,你平均每周几个晚上出去玩
      你平均多久出去约会一次

3. 参与
    ①做功课时间:你每周平均花多少时间做功课(包括上学时与放学后)
    ②你每周平均花多少时间和同学讨论功课:除了自己做功课外,你常和同学讨论课业内容吗
    ③你每周平均花多少时间做课外作业:除了学校要求的作业外,你常阅读课外读物吗

续表

4. 信念
　　①诚实指数
　　　从不骗人,即使是为了朋友也绝不骗人
　　　为了帮好友渡难关而歪曲真相
　　②罪恶感指数
　　　我常常会做让自己后悔的事
　　　我会为做错的事受到自己良心的谴责

Marcos、Bahr、Jahnson(1986 年)

1. 对父母的依附
　　①你还记得家人一起旅行、度假或其他的趣事吗(选项:完全不记得 = 0,一点点 = 1,有一些 = 2,不少 = 3,很多 = 4)
　　②如果你有困难,你能跟妈妈说吗
　　③如果你有困难,你能跟爸爸说吗
　　④你平常出去时,父母知道你的去处吗(选项:从不 = 0,很少 = 1,偶尔 = 2,经常 = 3,一定会 = 4)

2. 对宗教的依附
　　①你多久去一次教堂(选项:从未 = 0,每月不到一次 = 1,每月 1~2 次 = 2,每周超过一次 = 3)
　　②宗教在你的生活中有多重要(选项:不重要 = 0,有点重要 = 1,相当重要 = 2,非常重要 = 3)

3. 对教育的依附
　　①有人喜欢上学,有人不喜欢,你个人对上学的感觉如何(选项:非常不喜欢 = 0,不太喜欢 = 1,还好 = 2,喜欢 = 3,非常喜欢 = 4)
　　②成绩好对你重要吗(不重要 = 0,有点重要 = 1,相当重要 = 2,非常重要 = 3)
　　③放学后,你每天花多少时间做功课(选项:不做功课 = 0,每天少于半小时 = 1,每天约 1 小时 = 2,每天 1~2 小时 = 3,每天超过 2 小时 = 4)
　　④你在学校成绩如何(选项:不及格或及格边缘 = 0,大部分是及格边缘 = 1,平均 60~70 分 = 2,大部分是 70 几分 = 3,平均 70~80 分 = 4,大部分是 80 几分 = 5,平均 80~90 分 = 6,大部分是 90 几分 = 7)
　　⑤你希望读到什么学位(选项:不期待高中能毕业 = 0,只要高中毕业就好 = 1,希望能读高职 = 2,希望能读大专 = 3,希望能读到大学毕业 = 4,希望能读到研究生 = 5)

4. 传统价值信念
　　①看电影或看球赛,不买票没关系
　　②要是不会被抓到,偷自行车没关系(选项:非常同意 = 0,同意 = 1,不知道 = 2,不同意 = 3,非常不同意 = 4)
　　③买东西本来就应该付钱
　　④做人本应该循规蹈矩、奉公守法(选项:非常不同意 = 0,不同意 = 1,不知道 = 2,同意 = 3,非常同意 = 4)

Costello、Vowell（1999 年）

1. 对父母的依赖
 ①你父母每次做事,会跟你解释背后的理由吗
 ②你经常和父母谈自己的未来吗
 ③你和父母分享自己的想法与感受吗
 ④你有困惑时,父母会帮你吗
 ⑤你父母会解释他们定某项规矩的理由吗

2. 无形的监督
 ①你父母知道你在外的行踪吗
 ②你父母知道你在外的交友情形吗

3. 对学校的依附
 ①总体而言,你喜欢还是不喜欢学校
 ②我在学校努力学习
 ③得到好成绩对你有多重要
 ④放学后,你每天花多少时间做功课

4. 对朋友的依赖
 ①生活中的大事,你会听最好朋友的意见吗
 ②你想成为你最好的朋友那种人吗

5. 信念
 ①人们所说的犯罪,其实也没有真的伤害到谁
 ②想要出头,就得用非常手段
 ③偷车贼虽然可恶,但车主如果忘记把钥匙拔下来,也要负责
 ④只要不被抓到,违法也没关系
 ⑤笨蛋被占便宜是活该

四　生活方式/日常活动理论

（一）生活方式理论

生活方式理论由 Hindelang 在美国从事被害者的调查研究时，于 1978 年发表的《个人被害——生活方式暴露理论》中提出。这一理论说明一个人之所以会遭到伤害，原因与其自身

的某些特征有关。这些特征会导致被害的危险性增加，甚至成为犯罪行为的被害者，该理论的重心主要在生活方式上。

科恩和 Felson 指出，日常的生活方式是团体以及个人的基本生活需要，如衣、食、住、行、休闲、社会互动、学习、培育子女等。这些个人生活方式的差异，导致接触交往情境有所不同，这些差异决定了个人被害危险性的高低也有所差异，即由于居住地点以及个人属性的不同，个人被害的可能性大小不同。

Hindelang 认为，个人要想在社会中适应良好，就必须接受角色期望和社会结构的限制与约束，角色期望和社会结构的约束会与个人的基本资料与个人特征有关。例如，年龄不同、性别不同、种族差异、收入不同、职业差异以及婚姻状况差异等会直接导致社会对其角色期望与要求的明显差异。同时，社会结构的约束会限制个人对其行为的选择范围。例如，经济因素会严格限制个人对居家环境、娱乐休闲方式、生活方式以及受教育机会的选择，这些选择的差异性限制了个体循序渐进的模式，因此大部分人的一生均会受到社会结构的限制或者影响。

角色期望与社会结构的限制之间存在相互关系，社会中的每个成员都需要在二者之间寻找一个合适的平衡点，去学习和发挥谋生的技能与态度，这些技能以及态度形成之后，会形成一定的生活方式。在此调节过程中，可能会产生犯罪以及被害的心理反应，最明显的就是"被害恐惧感"，即个人对犯罪的态度和信念。特别是在社会的次级团体中，由于价值体系和规范的差异，个人在该团体中所获得的适应行为以及态度与正常社会团体具有的态度之间就会存在差异，形成了后来科恩的"偏差亚文化理论"以及 Wolfang 和 Ferracuti 的"暴力亚文化理论"。

个人在社会化过程中，逐渐学习并适应了所属团体的规范、态度以及角色期望与社会结构的限制后，逐渐产生了一套适应性的行为模式。比如上学、就业以及休闲娱乐等日常活动，这类活动就是 Hindelang 认为的"生活方式理论"，即为个体安排职业与休闲等生活方式。这种生活方式关系着个人是否于特定地点、特定的时间与特殊的人群接触。

生活方式的差异，会影响个体与具有某种特征的人在特定时空点上接触到的机会。犯罪者和被害者不是随机分布在社会中的，具有某些特性的人在某些特殊的时间或者地点更可能成为被害对象。不同的生活方式会影响个体不同程度的被害可能性，经常与具有犯罪特征的人接触或者交往，其暴露于危险情景的机会就越多，被害的可能性就越大。个人的生活方式以直接和间接两种方式影响其被害的可能性：生活方式可以直接影响个人暴露于危险情景的机会；生活方式也可以间接影响犯罪者与被害者之间的相互接触，从而影响被害可能性的大小。

生活方式与个体的基本资料之间的互动关系表现在以下几个方面。

（1）年龄。个体在社会化过程中的学习过程是从家庭的亲子关系开始的，再到学校的同辈团体。个体成年后，其生活方式主要取决于教育、职业及其经济活动。在这样的社会化过程中，随着年龄的增长，个体必须面对各种危机以及适应性问题。

（2）性别。性别的差异可能会影响男性和女性的生活方式。一般而言，男性更喜欢球类等较剧烈的运动方式，而女性更倾向于看书、写字等静态活动。这种生活方式的差异性可能影响其被害危险性。

（3）种族。种族的差异性是影响个体生活方式的显著因素。例如，在美国生活的黑人团体大多从事出卖劳力的服务餐饮业，而白人更多地从事脑力方面的工作。这种生活方式的差异性会间接影响犯罪和被害的可能性。

（4）收入。家庭收入与个体的生活方式密切相关。收入的多少，直接影响居家环境、休闲娱乐活动、交通以及隐私上的选择。且一个人的收入与社会地位之间具有正相关关系，这种正相关关系直接反映在经济收入的结构中，这种经济社会地位的差异会影响个体生活方式以及犯罪和被害的差异性。

根据国内外的实证研究，职业、婚姻状况以及教育程度的差异对被害可能性有很大的影响。Hindelang 认为发生被害行为需要具备以下条件。

①必须存在犯罪行为实施者及被害者，且二者的生活节奏在一定的时间和地点会有发生互动和重合的机会。

②犯罪行为实施者与被害者必须发生争执或者对抗，使犯罪行为者将被害者列为自己行为的施加目标。

③犯罪行为实施者必须要有所企图，且有能力去实施恐吓、威胁等暴力行为。

④当时的时间、地理情景有助于犯罪行为的实施，使犯罪行为实施者在这样的情形下，选择使用暴力违法手段来达到自己的目的。

符合上述四个条件的，被害者被害的可能性就会加大。因此，生活方式理论与被害可能性密切相关，且由于生活方式与个体暴露在危险情景中的可能性有关，个体的被害机会和概率不是随机分布的，而是集中在特定的时间、地点以及特殊的环境中。因此，生活方式的不同，使个体在特定时间内接触的群体不同，进而产生各种不同类型的被害可能性。

Hindelang 进一步提出八个命题，借此说明暴露被害与特殊生活方式之间的关系：

①个人的被害可能性与其暴露在公共场所的时间长短成正比，特别是在夜晚时间；

②个人在公共场所的可能性随着生活方式的不同而有所差异，尤其在夜晚较为明显；

③具有类似生活方式的人，彼此接触、互动的机会较多；

④通过个人被害的可能性可以观察出其是否有与犯罪行为实施者相类似的基本资料；

⑤个人与其家人以外的人接触时间的多少，会随其生活方式的不同而不同；

⑥个人被害的可能性会与跟其家人以外的人接触时间的多少有关，尤其在盗窃罪方面；

⑦生活方式的不同与个人拒绝与具有犯罪特征的人接触的能力有关，即个人越经常与有犯罪特性的人接触，其被害可能性就越大；

⑧生活方式的差异与其成为被害者的可能性、诱发性以及易于侵害性有关系。

综上所述，个人生活方式暴露理论的主要内容在于，一些基本情况不同的人，由于角色期望、社会结构以及生活模式的差异而形成不同的生活方式；而不同的生活方式决定了暴露于被害危险情境的高低；此外，是否常与有犯罪特征的人交往接触决定了个人被害可能性的大小。

Smith 在 1982 年用英国中部一个社区的居民被害的调查数据，来研究生活方式的不同（如年龄、社会地位等）对犯罪的影响。在区别被害者与非被害者之间的关系时，研究结果发现，以戏院、舞厅或者游乐场为休闲活动场所的人们，在被害者中占了40%，而在非被害者中只占29%；经常去酒吧、咖啡厅的人在被害者中占34%，而在非被害者中只占18%。从这一研究中可以看出，暴力犯罪的被害者与连夜外出及酗酒习惯有显著的相关性。加拿大某学者于 1982 年进行被害者的调查时发现，经常在晚上离开家外出活动的人更容易遭到抢劫、偷窃等被害行为。这些研究都证明了生活方式与被害概率之间具有高度相关性。

（二）日常活动理论

日常活动理论与生活方式暴露模式有些类似，由科恩和Felson 于 1979 年提出。他们将日常活动定义为不断出现的普遍性活动，这种活动可以提供一般人或个人基本的需求，无论是生理上的还是文化上的需求。因此，日常活动包括正式的形态及食物、性、休息、社会互动以及学习等不同方式。

此理论认为，犯罪是一个事件，这个事件的发生至少需要三个元素在时间和空间上集合。具体表现为以下几个方面。

（1）具有能力及倾向的犯罪者。日常活动理论认为，非法活动与日常活动中的合法活动具有共存关系，即非法活动的发生，在时间和空间方面必须与日常的合法活动相结合，如直接接触的掠夺性犯罪发生的前提是犯罪者与被害者在同一时空下发生接触，这是导致犯罪发生的机会。此理论指出，社会中原本有相当数量的潜在性犯罪者存在，但是由于社会变迁，人类活动形态发生变化，直接造成犯罪机会的增加，从而提高了犯罪发生率。

（2）合适的人、物或者欲望的犯罪标的物。科恩及 Felson 认为所谓标的物的合适性，是根据标的物的价值，即犯罪对人或物的标的，在物质或者象征性方面的要求，标的物的可见性、可接近性及对犯罪者的防御性等方面来判断的。

（3）足以遏制犯罪发生的抑制者不在场。根据科恩的解释，遏制犯罪发生的抑制者不在场，并非指警察人员或警卫的不在场，而是泛指一般足以遏制犯罪发生的控制力的缺乏。例如，个人因为某些事情离开家庭或社区及被害时抵抗侵害者的能力。

从宏观上说，三个元素中任何一项的改变，都会影响犯罪率；一旦三个元素同时出现，必将产生犯罪率递增的效应。日常活动理论尝试解释社会结构的改变影响日常活动的形态，导致犯罪机会的变化这一问题，从而说明第二次世界大战后美国犯罪率的变化及个人被害危险性的差异。此理论指出，非法活动依附于日常活动所构建的社会体系中，因此，社会结构改变，非法活动也会随之改变。例如，自动化的发展，打破了原有传统社区的形态与功能，自动化的普及与马路的兴建促使人类活动的范围日趋扩大，街道逐渐成为社区生活的核心，社区内的各项活动减少，导致个人暴露于危险情境的可能性大大增加。

借用人类生态学的观点，科恩和 Felson 认为，犯罪行为是发生在特定时间和空间下的行为。合法的日常活动的时间和空间的结构，可以影响一个社区或国家的犯罪事件发生的地点、类型和内容。有动机、有能力的犯罪人可以是任何一个普通人，任何一个普通人都可以为了任何理由从事犯罪活动。这个元素在任何社区都存在，是一个不争的事实。日常活动理论认为，想要解释犯罪，应该把重点放在分析社会活动的时空结构上，研究特定的时空结构如何促使一个人产生犯罪意图，并使之转化为实际的犯罪行为。

适当的被害目标指可能被攻击、抢夺的人或物。在大多数情况下，有能力的监护人不仅仅是警察或者保安人员，最有可能防止犯罪的常常是邻居、亲友、旁观者，或是被当作犯罪目标的人。日常活动理论与其他犯罪学理论最大的不同在于，此理论对犯罪动机、被害人道德或者刑事司法制度是否对犯罪发生率产生影响毫无兴趣。该理论最大的特色在于，缺乏某些条件，犯罪才会发生；这不同于其他理论，重视分析有了某些条件，犯罪才会发生。因此，日常活动理论最终脱离了人格论、心理学对犯罪行为的解释范畴。

科恩和 Felson 使用了从第二次世界大战以后，到 1970 年，美国每年的家庭活动、消费商品、商业活动等趋势资料，并与每一年的犯罪类型与犯罪发生率进行比较。他们发现，妇女就业率高，家庭主妇的数量就会减少，犯罪率就会升高；当货品设计越来越轻小、方便，被偷的目标增多，犯罪率也会升高；"婴儿潮"后期出生的孩子们长成少年后，增加了可能犯罪的人口，犯罪率也跟着上升。

Sherman 等人研究人身攻击犯罪行为发生的"热点"，研究结果也与日常活动理论吻合。过去日常活动理论相关研究通常采用个人或家庭情况资料来测量生活方式，而生活方式会影响到被害人、加害人、监控力的聚合机会。Sherman 的研究打破过去的研究模式，采用明尼亚波尼市"110"电话报案记录来分析犯罪发生的热点。他们认为，报案热点可以反映出哪些地方缺乏监控力、哪些地方被害人与加害人容易聚合，而这些经常出现的地点，必然有其原因或者特点。

除了 Sherman 等人用报案热点来分析日常活动理论外，另外两位学者 Jensen 和 Brownfield 又指出另一个过去的研究很少提及的变量——"被害人从事的活动有无越轨行为之嫌"。两人的研究发现，凡是易成为被害人的青少年，其最常从事的活动基本上都不是"普通""正常"的日常活动，他们的活动本身包括很多越轨行为。因此，这些青少年成为被害人的可能性也比较高，即犯罪行为的实施者也很可能是被害人。犯罪行为与被害行为有关，所以，凡是可以用来解释犯罪行为的变量，也可以用来解释被害行为。

最后，本书强调，日常活动理论并不是用于解释家庭暴力犯罪的理论，特别不适用于解释无直接接触的犯罪行为。许多白领犯罪都不需要与被害人接触，而且当代社会生活的组织结构促使越来越多无人直接接触的犯罪行为的产生。尽管有这些限制，日常活动理论在 21 世纪仍然是一个很有生命力的犯罪学理论。

（三）日常活动理论的应用

理性选择理论不是一个用来测量取向的理论，且犯罪人的特质与犯罪行为之间的互动也较难测量。尽管如此，理性选择理论还是有很多研究者支持，这些支持理性选择理论的研究从研究白领犯罪到研究盗窃犯罪都有。研究结果发现，理性选择理论大部分比较支持对白领犯罪的解释，不适合解释街头犯罪；研究认为，后者多半会受到毒品、酒精等物质的影响，因此，犯罪不是"理性选择"。

至于日常活动理论中最重要的概念"日常活动"，通常被认定为"一般人或团体日常所需要的规律、普遍的活动"。有些实证研究会在研究的时候加上生活方式理论的相关变量，如个体是否暴露在犯罪机会中、个体被害的吸引力等。测量日常活动的方法在不同的研究中不完全相同，科恩和 Felson 在 1979 年进行的追踪研究中，家庭活动比例的指标通过（已婚女性就业人数＋非夫妻组成的家庭数目）/全国家户总数来计算。这个变量可以代表美国在某一特定的时间，置于人身和财产被侵害危险之中的家庭数量占全国总家庭数量的比例，这些危险家庭可能是由于从事家庭以外的活动而引起人身、财物被侵害的被侵害对象，也可能是由于他们拥有更多的耐用商品而成为被攻击的目标。

Messner 和布劳（Blau）在 1987 年使用了两种测量日常活动理论的办法，即家庭活动指数和非家庭活动指数。但是此研究未测量监护人与有动机的犯罪人，而仅仅针对暴露于犯罪情形的可能性进行测量。Maume 1989 年在研究都市地区的强奸罪时，创造了两种测量犯罪机会的办法，即一般犯罪机会指数和种族不平等指数，前者包括都市地区可能被害目标、有动机犯罪人、过度拥挤以及缺乏监护人；后者也可以选择相同的四变项来测量，外加计算各种族在以上四项中的分布情形。Maume 还认为，收入高低也会影响性侵害犯罪行为，因为收入的差异代表不同的生活方式，研究结果发现，影响强奸罪的决定性因素是犯罪机会。

Stahura 和 Sloan 在 1998 年以日常活动理论来解释郊区的犯罪率，两人在研究中指出要测量三种因素，并将这三种因素与郊区的罪犯率做一个交叉分析，"有动机的犯罪人"虽然无法直接观察，但是可以通过以下四种指标来测量：贫穷率、黑人人口比例、年轻人口比例以及失业率。日常活动理论的测量如表 6 – 11 所示。

表 6 – 11　日常活动理论的测量

Cohen 和 Felson(1979 年)
家庭活动比例 = (已婚女性就业人数 + 非夫妻组成的家庭数目)/全国家户总数
Messner 和 Blau(1987 年)
①看电视指数 = 每周每天平均看电视的时间 ②非家庭活动 = 休闲娱乐设施数量
Stahura 和 Sloan(1988 年)
①有动机的犯罪人 = 贫穷率 + 黑人人口比例 + 年轻人口比例 + 失业率 ②犯罪机会 = 住公寓的比例 + 工业区数 ③监护人 = 每十万人口的警察人数 + 警政经费 + 女性未参与劳动率
Maume(1989 年)
①一般犯罪机会指数 = 16 岁以上女性分居或离婚比例 + 16～64 岁就业性别比例 (男：女) + 每个房间住一个人以上的家庭比例 + 租屋者比例 ②生活方式的种族差异 = 黑人在"一般犯罪机会指数"中得分相对于白人得分的比例

五　社会反应理论（标签理论）

本书前几章介绍的犯罪学理论从不同的角度和方面解释了犯罪的成因，但是这些理论也存在很多共同点，即都是从个人或者社会环境方面来寻找犯罪的原因。例如，古典犯罪学理论认为，个人的自由意志、理性选择是决定是否发生犯罪行为的原因；心理学理论的观点是，犯罪行为主要来自孩童时期的创伤没有被完全治愈，非正常的行为导致长大后的异常行为；社会结构或者社会过程论认为，社会中的每个人都是环境的产物，犯罪行为是受到环境影响的结果。以上理论都将重点放在"犯罪人的行为"上，并没有质疑犯罪的定义，也没有质疑过谁是判断问题的群众，即本书中前面介绍的理论知识没有解释为什么有些人会被定性为犯罪和犯罪人，也没有质疑谁有权力决定犯罪的定义，或者一个社会的民意如何影响犯罪的发生和犯罪的惩罚等问题。

本章介绍的社会反应理论主要强调社会和制度对犯罪和犯罪人的反应。这种理论认为，犯罪其实是社会互动的产物，即犯罪人和社会的互动，这种互动的结果是由他人或者社会的反应来决定的。犯罪学家需要弄清楚的是"谁是观众"而不是"谁犯了罪"，社会反应理论对由社会控制的非法行为本身不感兴趣。犯罪是社会互动的人造品，行为人和观看人对这种互动产生的结果有不同的理解。什么是越轨行为取决于民众对该行为的反应是否为负面、互动的行为是否可以被容忍以及互动的行为是否给予奖惩。社会反应理论对民意以及制度是如何回应犯罪的研究兴趣远远大于对犯罪人或者犯罪行为的研究。

因此,社会控制应该是犯罪学研究的核心。社会反应理论学者认为界定越轨与否的主要力量来自社会控制,而不是越轨行为本身。社会反应理论将个人看作被动的,或者是被社会定义强行推入犯罪角色中去的。其中最能代表社会反应理论观点的是标签理论。

(一)标签理论

20 世纪 60 年代前后,美国发生了巨大的社会变迁,三大社会运动(民权运动、反越南战争、性解放运动)冲击人们的传统思维和习惯思维。社会的空前分化给了标签理论发展的机会,使标签理论得以迅速发展。在迅速改变的时代中,标签理论学家向犯罪研究的方向转变,努力将犯罪研究的重点从分析犯罪行为转向分析"社会控制"和"社会反应"两种机制如何创造犯罪行为和犯罪人。

标签理论认为,犯罪人是哪种人不重要,犯罪行为的本质也不重要,最重要的是犯罪人和社会观众(如民众和社会控制机构)之间的互动过程和互动结果。他们认为,如果没有这种互动,没有回应,犯罪行为不会存在,也就不会有犯罪人。

作为社会反应理论的一个分支，标签理论的重心包含犯罪化的过程和犯罪的职业生涯。标签理论挑战常识说法，一旦犯罪发生，社会最谨慎的反应是国家的干预：要么吓住犯罪，要么改造犯罪，要么监禁犯罪。标签理论者试图通过运用互动理论中的"犯罪"以及"越轨"的概念来说明国家的干预可能会产生意想不到的结果，即本意是阻止犯罪行为，结果却成为促进犯罪行为。

从现有文献中可以看出，标签理论的一些重要概念其实在理论提出前很久就出现在了社会学理论中，例如，Cooley 1902年提出的"镜中自我"，后来就成为标签理论的一个重要概念。人们的自我感觉并非凭空而来，而是在与别人的交往中逐渐感受到的，因此，没有其他人的存在，就没有聪明、能干、好看等自我感觉。默顿 1957 年提出的自证预言也成为标签理论的重要假设。所谓自证预言，指先发效应，即无论别人有没有某种个性，先说他有，让概念先入为主。例如，赞扬一个孩子数学成绩好，那么他会自我感觉良好，从而花更多的时间在学习数学上，逐渐的，数学成绩就真的好了。

以上都是标签理论的部分概念，这些概念为后来标签理论的发展铺平了道路，犯罪学界中，标签理论提出的第一人是坦南鲍姆（Tannenbaum），他在《犯罪与社区》一书中提出此理论。坦南鲍姆提出，与其说越轨行为源于越轨人对社会的适应不良，还不如说是越轨人适应了一个特定团体的表现。当一个孩子有过犯罪记录后，这个标签会一直贴在他的身上，小孩和贴标签者第一次互动的经验，形成了"邪恶的戏剧化"现象，这个标签一旦被贴在身上，犯罪人便终身难以洗刷形象，难以重新做人，也就是说，种下了日后继续实施越轨行为的种子。因此，坦南鲍姆认为，给人贴上犯罪的标签只会使他们陷入犯罪深渊。

标签理论认为，越轨和美丽一样，根据观赏人的眼光而定。人类的任何行为，原本没有什么所谓的越轨，一些行为被称作越轨行为，是因为有些人成功地将这类行为贴上此类标签。即一种行为是否属于越轨行为，完全是后天人为规定的，而不是该行为与生俱来。越轨行为和犯罪行为不能独立于当权者的谴责而存在，没有任何行为是注定要成为越轨行为或犯罪行为的，越轨行为或者犯罪行为是在社会观众对行为人及其所作所为的反应中定义的。如果没有人知道或者没有人谴责，越轨行为或者犯罪行为就不存在。越轨行为和犯罪行为是社会观众对行为人及其行为的反应结果，而不是行为本身的道德反映和结果，也不是行为危害性的结果。越轨行为和犯罪行为不是个人实施的行为的特性，而是别人把规则和制裁加在"违法人"身上的结果。越轨行为和犯罪行为是行为人和观看人的互动结果。一个人如果成功地被贴上"越轨人"的标签，那么这个人就会成为"越轨人"；一种行为如果被标签为"越轨"，那么就成为"越轨行为"。

标签理论学家最关心的是标签带来的两个效果：污名的产生和污名对自我形象的影响。标签可以产生污名，被贴上越轨标签的人成为社会边缘人，既不能享受高等教育的机会，被排除在高薪工作之外，而且可能难以获得其他人所享受的社会福利。除了立即可见的后果外，标签也开始重新对人进行定义，人们对标签的内容、对标签所带来的意义做出反应，而不是对背负标签的人的行为做出反应。这个过程叫作追溯的会意，被贴上标签的人的历史会被重新审视和估计，直到符合他现有的社会边缘人的地位为止。这个阶段完成后，这种污名已经逐渐进行了自我形象的改造，此人与标签合二为一，成为真正的越轨人。

有的犯罪学者认为，犯罪人可以根据其犯罪类型进行区分，同一种犯罪类型对应一群同质性高的犯罪人组成的团体。例如，一个强奸犯很难和一个小偷有很多共同点。对于这个观点，贝克尔持不同观点，他认为，犯罪人是不同质的团体，即使一群人由于同样的犯罪类型入狱，他们的犯罪原因也各不相同。此外，刑事司法体系并非完美无缺，部分没有犯罪行为的人由于受到诬陷而被定罪；而许多犯了罪的人仍逍遥法外。因此，将犯罪人按照犯罪类型加以分类，在想法和做法上均有问题。贝克尔还讨论了"隐蔽越轨人"的概念。从自我报告的数据中，我们了解到这是一个很大的团体，大部分人曾经有过这样或者那样的越轨行为，只是大多数越轨行为没有被社会发现，这就是所谓的"隐蔽越轨人"。

标签理论的另一位著名学者是乐默特，他在 1951 年提出了"原始越轨行为"和"衍生越轨行为"的概念。前者指初次违法行为，这种行为通常对行为人没有什么影响，而且很快就会被忘记；而后者指原始越轨行为被发现后，被贴上标签，改变了行为人对自己的看法，并进行自我人格重组，逐渐改变自己的生活方式，养成了犯罪的习惯。这也是贴标签者和被贴标签者在犯罪行为的互动中产生的最无情的后果。这也许可以部分解释由于好奇而吸毒的人为什么会逐渐变成毒瘾很大的人，喜欢小酌的人为什么会一步步变成酒鬼，顺手牵羊的骑车者为什么会变成偷车的人。一旦社会开始注意到这个行为，并实施制裁，那么给行为人贴上标签不但不会制止这些行为，反而会增加这些行为，或者增大这些行为的发生率。在这个过程中，违法者认为自己被社会孤立了，被锁在越轨人的角色中无法自拔，从而会去找与他们同病相怜的人，逐渐形成新的亚文化团体，最后导致越轨行为继续增加，问题也更加严重。

乐默特提出的衍生越轨行为，很清楚地阐述了标签理论的核心概念，即成为越轨人的过程其实是一种身份的转变过程。在这个过程中，越轨人逐渐改变了对自己的自我认知。无论是通过感化、教育，还是矫正、处罚来控制违法人，其结果只能让违法人更加孤立和封闭。在被公开贴上标签之前，违法人的行为呈现散乱、不持续、偶发等特征；如果被公开贴上了标签，行为人的行为或许会有一些社会反应，那么越轨行为就可能转化为持续的、稳定性的以及职业性的行为模式。这点与抑制理论有所不同，雷克利斯的抑制理论认为，个人从小形成了负面的自我形象后，才会实施违法行为。标签理论与之不同的地方在于，负面的自我形象伴随未成年人的违法行为而发展，不是越轨行为造成社会反应，而是社会反应引起了后续的越轨行为。

标签理论进一步指出，会不会被贴上标签，违法行为本身只是众多的因素之一，可能还不是最重要的因素。一种行为在多大程度上被当作违法行为，还要看是谁在违法，以及是谁感觉受到了伤害。标签理论提出质疑：谁制定了规矩？谁的行为受到了约束？贝克尔认为，是社会的上层阶级成员为社会的下层阶级成员订立了规矩。同样的行为，因为行为人的社会地位不同、场合不同，所得到的社会反应也会完全不同。

越轨标签在现有各个社会结构中的分布不是随机的，有些人比较容易被贴上标签。例如，少数民族、穷人、无权无势的人等。Schur 指出，被贴标签的概率等于其种族、财富、性别、社会地位的函数。标签理论认为社会反应不是由犯罪行为引起的，而是社会反应引起了犯罪行为。

标签理论的提出大大扩大了犯罪学的研究领域和范畴，还挑战了犯罪本身的定义。标签理论的核心问题可以归纳为三个方面：一是标签理论关注新标签和新法律的发展；二是标签理论关注了很多法律之外的因素，如阶级、种族、性别等，这些因素可能影响一个人是否会被贴上标签；三是标签理论关注标签对违法人自我形象的影响，以及由于负面标签而改变自己日后行为所带来的影响。

1. 新标签和新法律的发展

在这一项研究中，标签是因变量，且过去的研究大多数都支持标签理论的假设，即不是所有的有害行为都会被定义为犯罪行为，也不是所有的无害行为都不会被定义为犯罪行为。贝克尔曾经以美国财政部所属的联邦毒品管制局为例，说明此机构如何运用权力使自己成为一个"道德企业家"。1937年，联邦毒品管制局办公室推动一连串立法，禁止大麻的使用，该举动很成功地推销了"大麻非法化"的立法。Chambliss 1964年的一篇文章回顾了社会把流浪汉视为社会问题的历史过程；Phohl 1977年指出"虐待儿童的发现"如何在20世纪60年代被成功推举为一个"严重的社会问题"；Tierney 1982年的研究说明了"殴打妻子"如何在20世纪70年代中期被创造为一个公共议题；Sinclair研究了在禁酒的年代，饮酒被污名化的过程。上述研究都显示了贴标签与否不能单纯地以行为的严重性或者伤害程度为标准。例如，吸毒、虐童、家庭暴力等行为，尽管害人不浅，但是由于长期无公权力的介入而一直没有被贴过标签，反而流浪汉与酗酒却一直被公认为犯罪行为。因此，只有当社会环境成熟，且某些团体愿意并且有能力发动立法或者修法时，一些行为的定义才会发生变化。

2. 贴标签的公平性

使用准实验法或者参与观察法，有些标签理论的研究表明，不是所有人被贴上标签的概率都是一样的。其中，最好的研究例子是：Chambliss 以准实验法针对两个小镇的未成年人团伙进行实地观察研究，在这项研究中，Chambliss 认为，社会阶层不仅会影响社会对未成年人的观感，也会影响未成年人犯罪发生地的选择，还会影响个体是否会被贴上标签；Piliavin 和 Briar 1964 年的研究发现，警方对少年嫌疑人的反应不只受到证据的影响，还受到族群、阶级、嫌疑人态度的影响。Heussenstanmm 1975 年以实验的方法进行的研究显示，车子前后的保险杠有没有被贴上支持黑人运动的贴纸都会影响警察的执法行为。从上述研究来看，公权力介入犯罪不仅是对违法行为的客观反应，也与行为人的种族、阶层、性别等其他法律外的因素有密切的关系。

在中国，标签理论被当作舶来品来介绍。中国的哲学家老子也曾说过："法令滋彰，盗贼多有。"他把犯罪行为多的原因直接归纳为统治者制定的法令太多。即法律制造犯罪，而不是犯罪推动法律的形成。

3. 标签对自我形象和对今后行为的影响

美国在这方面已经有大量的实证研究。Bazemore 在 1985 年对追踪长达 15 年的资料进行研究，发现了不符合标签理论的观点，即被贴上标签与未来的违法行为之间，不需要经过改变自我形象或认同犯罪身份。他的"未来的违法"或者"未来的改邪归正"

的定义为，在18岁以后不再犯罪，或者18岁以后不再有被捕的记录，研究结果显示司法标签和未来违法有着负相关关系，即司法标签越多，未来的犯罪越少。英国学者Farrington在1977年使用英国剑桥大学收集的长期追踪资料，来验证标签理论。他将曾经被公开贴上标签的少年和从未实施过犯罪行为的少年的资料进行对比发现，两类少年的特征有显著差异，曾经被公开贴上标签的少年日后的犯罪行为会增加。但是由于研究过程中遗漏了较多可能会影响青少年日后行为的因素，此研究的说服力较弱。

标签理论认为，贴标签过程是造成一个人继续越轨的原因之一，也是使人成为惯犯、走上终身犯罪生涯的潜在原因之一。但是罪犯的职业生涯因人而异，由于同样的行为，生活在社会底层的人更容易被贴上犯罪的标签。

（二）标签理论的应用

标签理论认为，越轨行为和犯罪行为如果被社会发现，就会被贴上标签，被送入矫正机构或者受到刑罚都会使个体的越轨行为继续增加，这种现象被称为"越轨扩大"效应。理性选择理论和阻吓力量认为，惩罚犯罪行为，即给当事人一个教训这种行为，能够预防其今后再次发生犯罪行为，也可以为社会上其他人敲响警钟，即犯罪不值得。

很多研究的焦点都集中在一个人被贴上标签后形象及之后行为的变化上。对标签理论进行验证比其他理论对资料的要求高，最好通过长期追踪的资料来验证，正式的未成年人犯罪的标签和犯罪行为之间的关系可以通过定性和定量两种方法验证，本节主要介绍定量分析方法。

早期的犯罪学研究，比较重视司法标签对日后犯罪行为的影响。Bazemore 用三项来自少年法庭的资料来测量司法标签，即进入矫正机构次数、犯罪次数、被移送次数。对于学校给予的标签，则通过少年在高中获得的平均成绩来测量。Bazemore 的研究发现，司法标签和未来犯罪有着负相关关系，即司法标签越多，未来犯罪越少。

英国学者 Farrington 于 1977 年使用英国剑桥大学收集的少年长期追踪资料来验证标签理论，结果发现，两类不同的少年有着显著的特征差异，曾被公开贴上标签的少年日后的犯罪行为会增加。但是，Farrington 的研究缺少对很多可能干扰到犯罪行为的其他变量的控制，导致其数据无法处理多变量的因果关系。Hagan 和 Palloni 在 1990 年使用与 Farrington 同样的资料库，选择多变量统计方法分析了标签对后续犯罪行为的影响，他们设计了三个变量，即父母给予的标签、子女对自己的标签以及两代标签的加乘结果，控制了相关变量，即由四个问题组成的父母社会、经济背景因素、子女背景因素以及子女的行为等。研究结果表明，父母给予的标签、子女对自己的标签对子女在十六七岁时的犯罪行为有显著的增强效果，如果加入两代标签的加乘结果，也会显著增加子女在十六七岁时的犯罪行为。

Adams 和 Evans 等人在 1996 年运用美国"全国青少年调

查"的资料，设计出一组教师给予少年的负面标签的指标，研究结果发现，教师给予学生的负面标签会增加未成年人以后实施犯罪行为的概率，但是在控制了越轨同伴的影响后，教师给予学生的负面标签就不再对学生日后的犯罪行为有任何影响了。因此，结交越轨人做朋友，比老师的负面评价更加可以影响学生日后的犯罪行为，这一研究结果值得少年研究方面的学者深思。

Matsueda 在 1992 年以社会互动理论为研究基础，提出自己对犯罪成因的解释。他认为自我形象来自他人的评价，非常赞同标签理论提出的"邪恶的戏剧化现象"、"越轨扩大作用"和"衍生越轨行为"的概念，他的研究主要验证这三个概念对犯罪行为的影响。Matsueda 的研究结果发现，标签的确会增加未成年人的犯罪行为，这种标签不仅包含父母给予子女的标签、子女对自己的标签，而且这种标签符合标签理论的假设。

Ward 和 Tittle 在 1993 年的研究中请大学生以回忆的方式来填写问卷，希望比较标签理论与阻吓理论的假设哪个更加正确。问卷设计了四个问题来测量标签作用，即初犯、处罚、贴标签以及认同犯罪身份。因变量是通过一连串的问题来测试学生在哪种情况下会认真考虑作弊可行性的，结果发现，无论是阻吓理论还是标签理论，与大学生未来作弊与否都没有关系；但是作弊和可能遭到的惩罚与是否认同自己为犯罪人的自我印象有关，后者与标签理论的假设相符合，部分支持了标签理论。标签理论的测量如表 6 – 12 所示。

表 6 - 12　标签理论的测量

Bazemore(1985 年)

---

1. 司法标签指数
　　①曾经受到过的最严厉的未成年人犯罪的处罚
　　②18 岁以前的犯罪次数
　　③18 岁以前被移送的次数

2. 学校标签
　　高中总平均成绩

3. 认同犯罪人身份指数
　　①我不会惹麻烦
　　②大家都认为我是一个未成年犯罪人
　　③自我分析量表——自我认知良好
　　④自我分析量表——未成年犯罪人

4. 自我尊重指标
　　①自我感觉很机灵
　　②自我感觉是个好学生
　　③自我感觉很用功
　　④自我感觉很有智慧

Adams 和 Evans"全国青少年调查"(1996 年)

老师给予的负面标签(选项:非常不同意 = 1,不同意 = 2,不知道 = 3,同意 = 4,非常同意 = 5)
　　①在多大程度上,你的老师们都同意你是一个坏孩子
　　②在多大程度上,你的老师们都同意你是一个调皮捣蛋的孩子
　　③在多大程度上,你的老师们都同意你是一个惹是生非的孩子
　　④在多大程度上,你的老师们都同意你是一个违法乱纪的孩子

Matsueda"全国青少年调查"(1992 年)

---

1. 父母的负面评价
　　①我的孩子喜欢惹麻烦
　　②我的孩子常违规

2. 想象父母对自己的负面评价(选项:非常不同意 = 1,不同意 = 2,不知道 = 3,同意 = 4,非常同意 = 5)
　　①在多大程度上,你的父母都同意你喜欢惹麻烦
　　②在多大程度上,你的朋友都同意你喜欢惹麻烦
　　③在多大程度上,你的老师都同意你喜欢惹麻烦

续表

④在多大程度上,你的父母都同意你常违规
⑤在多大程度上,你的朋友都同意你常违规
⑥在多大程度上,你的老师都同意你常违规

Ward 和 Tittle(1993 年)

①原生越轨:你考试作弊过几次(包括初中、高中、职校)(选项:从来没有,一两次,几次,很多次,太多次)
②处罚:你印象中最深刻的一次作弊被发现,当时同学的反应是什么(选项:没反应,反应很轻微,直到激烈等共六级)
③贴标签:上学期开学以来,你认为你的朋友会如何描述你的作弊技能
④身份认同:上学期开学以来,你是如何评价自己的作弊技能的(选项:从根本不是作弊的人到作弊技能很高的人,共五个等级)

第三节　整合理论

本书前面主要介绍了美国犯罪学近些年来最为重要的一些理论及其应用,为了便于清晰地对每个理论进行介绍说明,本书对每个理论都是单独论述的。但是,到了 20 世纪 70 年代后期,各种理论的整合现象逐渐出现,很多学者致力于各种理论整合的可能性,并试图通过实证分析进行验证。

一　理论的构建

先简要介绍一下理论构建的历史过程,早期的人类知识积累较为有限,容易产生博学的通才,如古希腊的亚里士多德,既懂哲学,又了解科学,是身兼哲学家和科学家双重身份的知

识分子。但是，当代知识分工日益精细和专业，对任何社会现象都有专门的理论来解释。在人类历史上，最重要以及最特殊的活动之一就是知识界中各种理论的创立，一般来说，理论构建不外乎两种办法：理论衍生和理论整合。前者是指将一个宏大抽象理论中的某些命题，根据逻辑推理衍生出各种复杂的、特殊的新的理论，如社会解组理论、迷乱理论、控制理论等。这些理论都可以追溯到迪尔凯姆的社会学理论，从中衍生出或者推论出专门解释犯罪问题的理论。

当衍生的新理论越来越多以后，就会有人出现反向思考，提出不同的想法，希望能够重新审视已经发展出来的各种理论并进行整合，从而出现了整合理论。整合理论就是找出各个理论之间的关系，使各个理论可以被同时放在同一模型中，同步测试；也可以被垂直并列，相互连接，将一种理论的因变量作为另一种理论的自变量，综合成一个新的统计模型进行检验。

在实践中可以发现，大部分的理论都曾经历过理论衍生和理论整合的双重过程。例如，默顿的迷乱理论来自迪尔凯姆的迷乱理论，同时，他又将迪尔凯姆的理论整合融入美国的结构理论中，最后形成了他自己的独特的迷乱理论。对于犯罪学而言，由于学科自身是一个博采众长的学科，不像自然科学那样很容易否定一个理论，因此，整合理论在犯罪学中的发展较为显著。

二　理论的发展

（一）埃利奥特的青少年犯罪和毒品犯罪整合理论

1979 年，埃利奥特、阿吉顿以及坎墩提出了整合紧张理论、控制理论以及社会学习理论的观点，成为解释青少年犯罪和毒品犯罪的整合理论的早期版本。1985 年，埃利奥特、休伊曾加和阿吉顿提出了这种整合理论更加完善的版本。他们将紧张理论与社会控制理论结合后的理论与社会学习理论整合，紧张理论指青少年犯罪是对获取社会诱导性需求或者目标时遭受的真实的或期待的失败的一种反应；社会控制理论认为青少年与传统社会联系的强度与他实施犯罪行为的可能性具有反向关系。埃利奥特和他的同事认为当青少年处于较为紧张又受到较少控制的情况下，实施犯罪的可能性较大，因此将紧张理论和控制理论进行整合。

社会解组理论可以减少社会控制，也可以增加紧张。随后，埃利奥特又将社会学习理论合并进来，社会学习理论认为青少年犯罪受到使人遵规守纪和使人越轨的社会化模式中的奖赏和惩罚的平衡作用，这些奖赏和惩罚主要来自家庭、学校和同伴，家庭和学校通常会强化传统守法行为；相反，同伴群体可能会强化越轨行为，尽管这种影响对不同的青少年作用不同。因而，埃利奥特认为同伴群体中展现出的犯罪感和发生的犯罪行为的数量是影响青少年犯罪行为的主要因素。他们认为修改控制理论以重视与个人具有联系的某类群体是非常必要的。控制理论认为社会化的内容通常有利于人们遵规守纪，因而只有社会化的强度对于解释犯罪和青少年犯罪来说才是必要的。社会学习理论认为社会化的内容可能有利于越轨行为，也可能有利于遵规守纪，个人能与越轨社会群体形成亲密的关系。埃利奥特假定当人们与越轨行为团体关系紧密并且与传统群体关系疏远时，越轨行为最可能发生，因此将两种理论结合起来。

（二）布雷恩韦特的重新整合羞耻理论

尽管赫希一直反对理论整合，但是理论的整合成为大势所趋。1989 年，约翰·布雷恩韦特发表了他的重新整合羞耻理论，该理论吸收了标签理论、亚文化理论、机会理论、控制理论。不同交往理论以及社会学习理论。布雷恩韦特没有像埃利奥特那样将以前出现的理论结合起来，而是创造了一个新的理论概念，即重新整合羞耻理论，并且展示了这个理论是如何将大量其他理论的观点组织起来的。布雷恩韦特认为羞耻是"表达谴责的所有过程，这种谴责过程的意图和效用在于使遭到别人羞辱或谴责的个人产生悔恨，让别人也了解这种羞耻"。当违法者被羞辱，知道了他们所犯的错误，但依然被允许进入社会群体时，重新整合羞耻就会发生。布雷恩韦特的理论核心是重新整合羞耻导致犯罪率降低，烙印化羞耻导致高的犯罪率。布雷恩韦特使用这个观点解释多种不同的有受害人的犯罪，但没有用其解释无被害人的犯罪。

在重新整合羞耻理论中，标签理论被用于解释烙印化羞耻，一旦某人被烙印化，他或她参与越轨亚文化的可能性就会变大，实施犯罪的可能性也就较大。同时，更高的都市化和更大的迁徙性减少了"社会的社区成员主义"存在的机会。社区成员主义，或者同一文化中个人的相互依赖，往往与重新整合联系在一起，它的缺乏将导致烙印化，随后导致合法机会封闭、犯罪亚文化形成、非法机会出现、高犯罪率等。

三　整合理论的评价

从某种程度上讲，我们现在所用的"整合理论"一词是错误的，因为每个理论都或多或少受到过别的理论的影响，或者曾经整合过他人的理论。没有人敢说自己的理论完全是前无古人的自我创新。因此"整合"一词，只是体现为程度上的差异。

目前，美国犯罪学界对理论整合主要有三种看法：第一种看法认为整合理论是未来犯罪学的唯一出路。他们不再将各种理论看成相互对立、彼此竞争的，而把它们看成互补、互助的关系。第二种看法是直接反对整合理论，赫希认为，每个理论都很独特，理论和理论之间的哲学基础并不匹配，因此让理论独立、平等发展，才是比较合适的做法。将彼此矛盾的理论整合可能会犯严重的逻辑错误。第三种看法的代表人物是艾克斯等人，他们采取折中路线，认为整合过渡可能会使理论的论述更加模糊不清，但是如果完全忽视整合，许多看似矛盾的理论中的共同点就可能被忽略掉，就会减少理论对犯罪现象的解释力。

理论整合并非一蹴而就。在理论整合的过程中，尚有许多障碍需要克服，有些东西不可避免地要遭到损失。因此，在理论整合之前有几个问题需要面对。第一，每个犯罪学理论的测量量具、量具的效度和变量的代表性。第二，理论整合常常由于各种理论东拼西凑，而结构松散、产生内部矛盾。第三，为了使整合理论更具说服力，在理论整合时，人们往往专注于不同理论的"和稀泥"，而忽视了理论构建的主要目标——解释某个特殊现象。第四，变量不能完全代表概念，更不能代表理论。第五，理论家与实证者之间有一种天然的紧张关系。理论家自觉其理论已无懈可击，浑然天成；但实证研究者的天职是把理论的概念拆解为数个变量，因为只有拆解开来，才能测量，也才能进行验证。

"整合"一词的定义本身就不清楚，也存在异议。有的学者把"整合"当作"寻找"一个通用理论的代名词，即"整合"就是为找到一个放之四海而皆准的通用理论；有的学者致力于寻找可以最大限度上解释的因变量，从而找到最能解释因变量的几个关键自变量的组合。因此，学者在整合理论之前，首先应思考自己在"整合"一词上的立场，定位明确，才不会在整合的过程中迷失方向。

第七章

犯罪的心理学理论

犯罪心理学是指运用心理学的理论研究犯罪主体的心理和行为。奥地利犯罪学家格洛斯（H. Gross）于 1897 年出版了《犯罪心理学》一书，他在书中论述了犯罪人、法官、司法鉴定人、证人等其他刑事司法程序参与者的心理状态及其对刑事司法所起的作用，被誉为"现代犯罪心理学的创始人"。他认为犯罪心理学并非仅仅探讨犯罪人的心理病理学或其他心理方面的因素，而是一门将心理学观点应用在处理犯罪问题中的学问。现代犯罪心理学研究内容包括精神分析学理论、精神病理学理论两个主要部分。

第一节　精神分析学理论

19 世纪末，奥地利心理学家弗洛伊德以自由联想、梦的解析及移情作用等精神分析观点，创立了以潜意识为基本内容的精神分析理论。弗洛伊德认为人天生就不能适应社会生活，犯罪人与非犯罪人在遗传方面并无太大差异。精神分析理论后经阿德勒的发扬，他认为每个人都有其独特人格，要了解其人格特性，只有通过彻底的个案研究，才能深入了解犯罪行为产生的根源。

（一）弗洛伊德理论的主要观点

弗洛伊德的主要观点包括以下几个方面。

（1）意识和潜意识。弗洛伊德认为，人的心理包括意识和无意识的现象，无意识的现象又划分为前意识和潜意识。

意识为人可直接感知的心理的表面层次，与外部世界联系，直接引发人们的行为，但意识不是行为的原动力。前意识是指人们能够从无意识中回忆起来的经验，位于意识和潜意识之间，扮演着"稽查者"的角色，潜意识部分的内容要达到意识层面会受到前意识的检查和抑制，前意识会严防潜意识中的本能欲望闯入意识中，但当前意识丧失警惕时，被压抑的欲望或本能也会通过伪装，迂回地渗入意识。

潜意识则是人无法直接感知到的心理部分，是人体精神结果中最深层、最黑暗的部分，包括原始的本能冲动以及与本能冲动有关的欲望，特别是性的欲望。因此，潜意识具有冲动性、无道德性、反社会性、非理性、非逻辑性、非时间性、非语言性和不可知性等重要特征。这些冲动由于不被社会风俗、伦理道德、习惯、宗教法律等容纳，而被压抑或者排挤到意识之外。这些冲动出现时，会在意识中唤起焦虑、羞耻感和罪恶感，有时就会成为犯罪的一种动因。潜意识虽然平时无法被意识到，但其并未消失，而是潜伏在内心深处，并且不断寻找机会，不自觉地追求满足，在人的一生中占有重要的支配地位。正常人的言谈举止、日思夜想、偶尔失眠，神经症患者的各种症状，以及人们的宗教、科学、艺术等活动，无不受它的支配和影响。

（2）精神分析方法。弗洛伊德认为潜意识不易被察觉，但可以通过自由联想、梦的解析及移情方法探知潜意识下的人类行为原因。

弗洛伊德认为浮现在脑海中的任何东西都不是无缘无故的，都是具有一定因果关系的，借此可挖掘出潜意识中的症结。自由联想就是让病人自由诉说心中想到的任何东西，鼓励病人尽量回忆童年时期所遭受的精神创伤。自由联想是一种不做任何思想限制或指引的联想。精神分析者让患者在全身心都处于放松状态的情况下，进入一种自由联想的状态，即脑子里出现什么就说什么，不给患者的思路提供任何有意识的引导，但是患者必须如实报告自己所想到的一切。精神分析者对患者报告的内容进行分析和解释，直到双方都认为找到患者发病的最初原因为止。

梦的解析即释梦，梦的内容能反映人们的潜意识，释梦即通过对梦的分析，间接了解人的深层次心理真谛，使之借由以梦的形式所反映的潜意识内容得到展现。弗洛伊德将梦境分为两个层次:一层为当事人所能记忆的,称为显性梦境,显性梦境并非梦的真正内容;另一层为当事人所不能记忆的,称为隐性梦境,隐性梦境中隐含有更重要的意义。心理治疗的目的,即根据患者显性梦境去解析其隐性梦境的含义,从而找出当事人潜意识中的问题。

移情,即患者对心理医生的情感反应。移情有正移情和负移情,正移情是患者将积极的情感转移到医生身上;负移情是患者将消极的情感转移到医生身上。借助移情,把病人早年形成的病理情结予以重现,使其重新经历往日的情感,进而帮助病人解决这些心理冲突。

(3)本能理论。弗洛伊德认为,本能是人生命中的基本要求、原始冲动和内驱力。它具有四个特征:本能的根源、本能的目的性、本能的对象和本能的动力性。早期的弗洛伊德把本能分为性本能和自我本能。性本能指与性欲和种族繁衍相联系的一类本能;自我本能与躲避危险、保护自我不受伤害相关。后来,弗洛伊德又把本能划分为生的本能与死的本能。死的本能主要表现为两个方面:一是其能量向外投放,表现为破坏性、攻击性等;二是向内投放,表现为自责自罪、自我惩罚、自杀等。

(4)人格理论。弗洛伊德的精神分析建立了心理学史上第一个系统的人格理论,该理论包括人格结构和人格发展两个方面。

弗洛伊德早期把人格分为意识、前意识和潜意识三个层次。在晚期，他进一步提出了新的人格学说，提出人格由本我、自我和超我三个部分组成。本我，是人格中与生俱来的最原始的潜意识结构部分，是人格形成的基础，他将本我形容为"巨大的深渊，一口充满激情的沸腾的大锅"。本我纯粹依照本能快乐原则，具有冲动性和攻击性，追求本能能量的释放和紧张的解除。自我，主要根据现实原则调整本我的冲动。它并不是要放弃最终获得愉快的目的，而是要求暂缓实现这种满足，要放弃许多实现这种满足的可能性，暂时容忍不快的存在，将此作为通向愉快的漫长而曲折的道路的一个中间步骤。超我，即人格发展到较高阶段，把社会规范、道德内化，即将外部权威变成了内部权威，形成了理性与良知，其活动原则是"理性原则"。弗洛伊德指出："自我基本上是外部世界的代表、现实的代表，超我则作为内部世界和本我的代表与自我形成对照。"人格的三个方面如果能够协调一致，个人就能够很好地适应社会生活；反之，就会导致个人异常行为的发生。

弗洛伊德的人格发展理论，是建立在他的性心理发展理论基础之上的。他认为，性欲是人所有本能中持续时间最长、冲动力最强、对人的精神活动影响最大的本能性欲求。弗洛伊德将人格的发展划分为口唇期、肛门期、性器期、潜伏期和生殖期五个阶段。在性器期，儿童对父母中的异性者表现出较强烈的亲近感，他在自己的著作中把这种现象叫作"相好愿望"；对同性表现出的一种嫉妒和敌意，他把这种状态叫"杀人愿望"。这些内容由于社会道德的压力而被"冲击"，之后人便会产生焦虑，一旦具备社会条件，极易产生犯罪行为。弗洛伊德在回答为什么儿童时期会有这些表现时认为，人在儿童时期具有在身体上退化的、原始的、暴力的、非道德的冲动的复活，这是儿童这个时期的幼稚的冲动和超我之间失去平衡调节的心理表现。

（二）精神分析理论对犯罪原因的解释

弗洛伊德的理论贡献在于创立了精神分析理论，但他并没有系统地研究犯罪行为。1915 年，他在《由于罪恶感而犯罪的人》一文中，初次应用精神分析学的观点解释犯罪问题，为犯罪学中精神分析学流派的形成奠定了基础。以下将从潜意识、本能、人格与人格的发展几个方面来阐述精神分析学派对犯罪原因的解释。

1. 潜意识与犯罪

"无意识罪恶感"是弗洛伊德精神分析理论中一个重要的概念。在人格发展过程中，由于力比多的固着与倒退，个体对母亲（父亲）产生了恋母（恋父）情结，这种情结使其在超我的作用下产生了很深的无意识罪恶感，这种罪恶感可能引起犯罪或其他不良行为的发生。对于这些人来说，当犯罪发生，行为人得到应有的惩罚后，他们倒会感到欣慰和满足。

　　亚历山大和希利在对一名 8 岁开始盗窃的习惯性盗窃犯男孩的精神分析中发现，这个惯犯的盗窃活动主要是由非理性、情绪性和无意识的动机决定的，而不是由理性的牟利动机决定的。在其结论中有如下的分析。①对母亲有强烈的寄生性依恋；对他强壮的哥哥有强烈的羡慕和依赖，在潜意识中，他对哥哥形成了一种独特的被动的女性态度。②他的盗窃行为也是为了摆脱他对哥哥产生的罪恶感的一种手段。他帮助哥哥，为了哥哥而让自己遭受危险，甚至为哥哥进入看守所，以消除内心的罪恶感。③他的盗窃行为也是对母亲怨恨的一种反映，具有潜意识的意义："如果你只是对哥哥表示感兴趣和爱，而不对我表示感兴趣和爱，那么，我就当一个犯罪人，让你丢脸，对你进行报复。同时，如果你不把你的爱给我，也不在我需要支持的时候支持我，那么，我就通过武力和抢劫来获得我所需要的东西。"这个案例，充分体现了潜意识（包括潜意识的"恋母情结"和无意识的罪恶感）在犯罪人进行违法活动时的支配力量。

　　精神分析家埃蒙德·伯格勒在其《赌博心理学》一书中，深入探讨了赌徒的无意识心理，并用三种精神分析学的概念来解释赌徒的心理动机：①儿童无所不能的感觉在赌徒心理上的复苏；②对超我的抗拒；③自我惩罚的欲望。

　　从以上两个案例中我们可以看出，许多犯罪人，特别是青少年犯罪人，在其实施犯罪行为以前就存在非常大的罪恶感。

所以，罪恶感不是犯罪的结果，而是它的动机。由此足见弗洛伊德对罪恶感与犯罪关系看法的独特性。

2. 本能与犯罪

在论及人类的本能时，弗洛伊德涉及了犯罪的问题。他认为，人类社会中犯罪的根源在于人与生俱来的本能，因为犯罪就是违反了为了文明的存在而确定的各种禁律，而这种禁律是违反人类本能的。人类自从有了阶级社会以后就持续存在违法犯罪活动等极端的越轨现象。而各种违法犯罪现象从本质上说，都与人类的攻击行为有直接密切的联系，往往以攻击本能和破坏本能的面目出现。人类本能中这种攻击性和破坏性的满足就会导致犯罪的产生。此外，性本能也与犯罪有关。按照弗洛伊德的看法，儿童是作为犯罪者出生的，只是由于他们没有行为能力和责任能力，他们的暴力破坏、攻击行为才不被认为是犯罪。一旦他们长大成人，他们的行为就会被社会视为犯罪行为。在我们的现实社会中，常会发生一些自杀、自残或自伤等事件，用弗洛伊德的理论解释，即当这种本能的冲动由于种种社会所不能容许的道德、宗教或法律等的约束而不能向外发泄的时候，行为人在寻求发泄的渠道时就会选择通过自身来发泄冲动，因为人生来就具有死的本能。

例如，在一女性偷窃狂的案例中，在行为人被抓获后，得知其偷窃并不是因为家里贫穷或其他困难，据她所述，偷窃成功并不是她的目的，她之所以进行偷窃，是因为在偷盗那些物品的时候，她会有一种快感。在这里，支配其进行偷窃行为的就是本能，而本能既具有建设性也具有破坏性。"本能"一词在精神分析中被定义为一种与生俱来的，且存在于体内的动力心理象征。从心理角度来看，这个需求被表达成对事物的愿望或渴求。此外，精神分析师发现药物成瘾者的本能驱力，使他们对外在的刺激和诱因极端敏感（如看到令其沉醉的药品、闻到火柴燃烧的味道、见到香烟和酒精广告等），这些刺激不仅会引发其渴望，也会使他们逐渐走向复吸的道路。

3. 人格与犯罪

弗洛伊德认为，虽然本我中的原始本能是犯罪的根源，但在一般情况下，人们并不会去犯罪。人格中的自我和超我是人行为中两个重要的控制系统，人们会根据现实社会的道德、法律的要求来约束、控制自己。如果自我和超我不完善，存在缺陷，已有的道德观念无法抵制本能的诱惑，或自我的力量过于强大，压倒了现实原则所带来的抑制力量，就可能导致犯罪的发生。并且本我、自我、超我三者对人类的行为也有着各自不同的影响。本我是影响人类行为的生物驱力；自我代表着行为的心理根源；超我则反映出社会道德力量的影响力。

在成瘾行为中，就精神分析的观点而言，成瘾患者的自我被认为属于比较脆弱的或受损的。在处理本我的内在驱动力上，成瘾患者的自我未能发挥出适当的内在控制力，这使得成瘾患者必须依赖外在的环境（如酒精及药物）才能满足心理上的需求。随着时间的推移，成瘾患者对这些外在控制的依赖会越来越强，同时他们的自我会因此而逐渐失去功能。

4. 人格的发展与犯罪

弗洛伊德认为，儿童在其心理性欲发展的各个阶段所获得的各种经验决定了他们成年后的人格特征。在发展过程中，弗洛伊德认为很少有人能够达到真正的生殖期这个理想阶段。在这个过程中，力比多会遇到固着和倒退这两种现象。如在小说《沉默的羔羊》中，若以精神分析的客体心理学来分析，变态杀人犯"野牛比尔"的杀人和剥取女性人皮以完成女性服装的行为的最大可能性就是源自其幼年时的冲动，也就是说"野牛比尔"的母亲在养育上存在很大问题，比尔的母亲甚至可能是精神分裂症患者。"野牛比尔"在被关怀和性别分化上存在严重的问题，这导致他的心理发育从根本上说还处在幼稚期，他试图通过一种幼稚的行为来达到对其内心冲动的满足。他在被害者嘴里所放的蛹，充分说明了他对变成女性的一种渴望。其实变成女性是他自己希望获得母亲之爱的象征，他通过自己变成女性来满足其自体意象的需要。这种假设自己是女性的自体意象则来自更早期的心理发育。他的冲动以一种非正常的方式出现。如果童年能获得一种罗杰斯式的非条件的关怀，他就不可能出现那种病态的后果。从这里可以看出，"野牛比尔"出现了固着和倒退两种现象，这样就导致了其杀人和剥取女性人皮等变态行为的出现。在现实生活中，一些酒精或毒品成瘾者其实也是出现了心理性欲的固着现象，这种现象可能是由于其在口唇期人格没有发展好。

影片《爱德华大夫》中所涉及的弗洛伊德精神分析理论最根本的观点是：如果一个人拥有一个比较幸福的童年和随之形成的健康人格的话，从心理学意义上讲，他将是"幸运的"，他的生活将会在健康人格的决定下，在一个比较健康的轨道上运行。这种人就是我们通常所说的健康人。如果一个人的童年经历比较悲惨、成长环境比较恶劣的话，他的心理发育必不可少的阶段就会中断，或者导致心理发育不足，从而导致其必要的精神养料的匮乏，形成各种人格缺陷和复杂的情结，为其将来的各种心理障碍留下祸根。

总之，用弗洛伊德的精神分析观点分析犯罪人的心理，可以揭示引发犯罪行为的许多深层次的心理原因，这是其他任何理论无法比拟的。它的主要贡献有以下三个方面。第一，使我们充分认识到生物学因素在犯罪行为中的巨大作用。尽管现有的研究已经揭示出犯罪行为是由行为人的生理、心理以及社会环境等诸多因素相互作用导致的，但生物遗传的主要作用是不容忽视的。弗洛伊德及其后继者的许多精辟论述为我们提供了翔实的资料。第二，大大扩展了犯罪心理学的研究范围。精神分析理论家对犯罪人无意识犯罪动机的深入剖析是独到的、有创见的。大多数犯罪行为是犯罪人有意识、有目的、有计划地发动的，但是，有些奇特的、动机不明的案件用常规思维及方法很难搞清楚，精神分析理论为我们分析这些奇怪的犯罪案件提供了方法，使我们能够从犯罪行为的表层深入到犯罪人的内心，揭露引发其犯罪行为的深层原因。这不仅对刑事侦查、审判等司法实践活动有所帮助，而且对于犯罪人的矫正和预防犯罪也有重要的价值。第三，引起我们对犯罪人早期经历的关注。弗洛伊德精神分析理论特别强调儿童早期经验在其人格形成和发展中的作用，这一点对于分析犯罪人犯罪心理的形成过程有直接的帮助。通过对犯罪人过去经历（尤其是创伤性经历）的分析，了解犯罪人潜意识的心理冲突，有助于对其犯罪心理进行更有效的矫正，防止其重新犯罪。

尽管弗洛伊德的精神分析原理对犯罪原因的解释有重要的贡献，但其仍具有一定的局限性。第一，精神分析理论强调人的本能与犯罪的密切关系，基本上持一种"性恶论"的倾向，弗洛伊德本人还主张"孩子是作为犯罪者出生的"，后来的精神分析家如亚历山大也继承了这一观点，这显然与历史唯物主义的观点背道而驰。第二，精神分析理论能较好地解释一些非理性的犯罪行为，如一部分暴力犯罪和性犯罪等，对与本能冲动联系密切的自然犯罪有较强的说服力。但是，该理论对政治性犯罪、智能犯罪、高科技犯罪等犯罪类型难以做出详细而严密的分析。尽管精神分析理论在理论上提出了所有人生来就是犯罪人的假设，但其在实践中却举步维艰。第三，精神分析犯罪理论的研究方法缺乏严密的科学性，他们过分强调主观的理性思辨，带有唯心主义的精神色彩，无法经实证分析进行客观检验，这一点使其研究结论的科学性受到质疑。

第二节　精神医学理论

精神医学也称为精神病理学，是研究心理疾病以及引发心理疾病行为的学科，研究范围包括各种心理疾病的起因、发展、症状以及治疗等方面。其并不是仅仅研究精神病性心理障碍，如精神分裂症等不同类型精神病的一门学科，而是涵盖所有类型的心理疾病的学科，如我们所熟知的焦虑症、抑郁症、强迫症等都在精神病理学的研究范围内。精神病理学在司法鉴定领域具有重要作用，且近年来精神病人犯罪的案件也逐渐增多。

（一）霍妮的精神病理学

在弗洛伊德的精神分析基础上，美籍德国精神病学家卡伦·霍妮把精神分析学说从泛性论的古典弗洛伊德主义转向强调文化和社会条件对人的行为影响的新弗洛伊德主义。她赞同弗洛伊德关于潜意识冲动决定人的行为的论断，以及自由联想、释梦、移情分析等方法，但坚决反对弗洛伊德的泛性论的力比多理论和恋母情结说，认为它们歪曲了自我与环境的关系，忽视了文化、社会因素对人的影响。霍妮所创造的一个最基本的概念是"基本焦虑"，认为人一生下来就处于一种看不见的充满敌意的世界里，所以在软弱无能的儿童的心里往往就充满着不安全的恐惧，这种不安全感又直接导致了焦虑，因此寻求安全、解除焦虑就成为人格形成和发展的主要内驱力。因而霍妮认为潜意识冲动并不像弗洛伊德所认为的那样，是受所谓快乐原则所统治的性本能和死本能的冲动，而是受生存原则所统治的寻求安全、解除焦虑的冲动。

人格形成。霍妮进一步提出了关于人格形成的理论。她同意弗洛伊德的人格是在童年的早期发展起来的观点，但不同意弗洛伊德用原始性欲发展阶段的进展来解释人格的形成。霍妮强调社会环境，特别是家庭环境、双亲在人格形成中的作用。她认为儿童的基本焦虑主要源于家庭中父母对待儿童的态度和行为。假如儿童从家庭、父母那里得不到温暖和情爱，就可能产生各种不现实的顾虑，这种顾虑若得不到及时清除，就可能发展成为神经性焦虑；反之，如果儿童从家庭、父母那里得到了温暖和情爱，就会感到安全和满足，就不会产生焦虑。因此，她特别强调家庭教育的重要性。霍妮认为儿童为了获得安全和避免焦虑，不得不采取种种方式，她将这些方式概括为三种指向性活动，儿童长大后，这三种指向性活动相应地形成了三种不同类型的人格和生活哲学。第一种是趋向他人，形成了依从性人格，用爱来化解对方的敌意，从而保护自己；第二种是避开他人，形成了分离性的人格，这种人既不想归属，也不想反抗，而是离群索居，与世无争；第三种是反对他人，形成了攻击性人格，这种人一心想成为强者，战胜别人。霍妮认为，在正常人那里这三种态度是互为补充，达成一个协调整体的。一旦这些行为模型僵化就会导致灵活性的丧失，从而加深焦虑，形成各种不同的精神病。

自我认知。霍妮还认为，人格结构不像弗洛伊德所主张的那样由本我、自我和超我三部分构成，而认为人格结构是真我、实我和理想我的组合。她所说的"真我"指个人所具有的天赋潜能中的一部分，是活生生的，是一个真正的生命的中心；实我则是由真我受环境的熏陶而铸成的，它所表现出来的状况是实际的、现实的；理想我是个人为了逃避内心冲突而产生的、有关自己的尽善尽美的意象，精神病患者总是把这种意象看作真实可靠的，并借以掩饰真我。这虽然可以暂时解除患者的焦虑，但难免要与实我发生冲突，引起新的焦虑，这是造成精神病的主要原因。一个人如果不是努力去实现真我，而是去追求虚假的理想我，必然会丧失生命的自发力，无从实现人生的真正价值。在霍妮看来，实现真我的途径在于充分发挥真我中所蕴含的建设性力量，当然，每个人的具体情况有所不同，但只要有适当的环境，就可以造就健全的人格。霍妮本人对此也持积极乐观的态度。

（二）精神病理学对犯罪原因的解释

现代精神医学观点认为，精神病患者的状况实际上由精神上及生理上的疾病所致，有关精神医学与犯罪行为相关的论点主要有以下几种。

（1）智力与犯罪。心理学上的智力主要指人的理解力和判断力。智力的高低除了与人所受教育程度有关外，还受制于一定的遗传因素和生活经验。因此，不能把智力简单地等同于知识或文化水平。

就智力而言，其所强调的是人们分析问题和积极解决问题的实际能力。对于智力缺陷（又称心智缺陷），主要从个人的发展史及生活能力、社会适应性、自主性格等方面综合判断。心智缺陷，表现为智商（I. Q. ）在 83 以下，缺乏语言表达、处理日常生活事务及社交的能力。美国精神医学会将其分为五个等级。①极严重心智缺陷（又称白痴）。智商在 20 以下，智力年龄在 3 岁以下，其感觉能力、语言能力还未发展，动作能力缺乏，训练无效，需他人完全的照顾与监督。②严重心智缺陷。智商为 20 ~ 25，智力年龄为 3 ~ 6 岁，语言能力较缺乏，但可施以基本的健康习惯训练，不能接受学校教育，但在他人完全监督及控制环境中，可自立及发展最起码的自卫能力。③中度心智缺陷。智商为 36 ~ 54，智力年龄为 6 ~ 8 岁，其感觉与动作能力尚能发展，可接受特殊教育，且可在非技术性或半技术性职业训练中自立，但当社会或经济产生变化时，仍需监督及指导。④轻度心智缺陷。智商为 53 ~ 69，智力年龄为 8 ~ 12 岁，可发展社交能力，在 4 ~ 5 岁时与常人无异，到 20 岁时可完成六年小学教育，可接受特殊训练，且经适当的教育与训练，可具有社会及职业的适应能力。⑤临界心智缺陷。智商为68～83，学习速度及学习能力均较正常人差，仅具有在社区中进行简单生活及适应的能力。

心智缺陷产生的原因包括遗传（染色体因素）、脑部外伤、感染和中毒、放射线、早产、营养不良及心理社会的剥夺等。因其判断力较正常人低，对不正当的欲念、冲动或者动机缺乏抑制能力，情绪控制力也比较弱，社交能力较差，易因挫败而产生各种偏差及犯罪行为。

（2）精神疾病与犯罪。精神疾病患者中有严重人格困扰症状者与正常人相比，出现部分或全部脱离现实的现象，必须服用药物或者住院治疗。精神疾病是人的大脑受刺激，导致机能紊乱和失调，导致认识、思维、情感发生障碍，使行为失去常态的一种疾病。精神病人不仅人格分裂、失去自控能力、缺乏对自己身心变化的逻辑判断，而且人际沟通困难，他们的大脑对客观环境的反映往往是歪曲的，易产生幻觉、妄想和运动性兴奋，记忆丧失，思维失常，意志力差和情感欠缺，易于冲动，有的甚至伤害自己或侵害他人，危害社会。根据疾病原因的不同分为器质性精神病和非器质性精神病。

器质性精神病主要是由遗传缺陷、脑组织技能障碍或者其他疾病所引起的，包括癫痫性精神病、全面性麻痹精神病及老年精神病等。器质性精神病引起的意识障碍、精神发育不全及癫痫病患者都易于发生自觉或不自觉的危害行为。①癫痫性精神病者呈现一种反复性及突发性的短暂脑功能障碍，这种障碍使人暂时失去知觉或意识，其发生可能是由脑细胞新陈代谢失调引起的，如脑损伤、身体其他部位生病影响脑部及脑部本身异常等。在此状态下，患者极易因遭遇情绪困扰、不安或烦躁而发病，且发病次数不定，该精神病的发作形式及程度也有所不同，患者有时会因敏感、以自我为中心、幼稚等性格特点，在发作时产生无意识行动，伴有伤害、杀人、强奸等暴力性犯罪行为。②全面性麻痹精神病，又称瘫痪症，病因是中枢神经系统受螺旋菌梅毒感染而受损，其特征为判断力受损、意识模糊、健忘、不安，有时还伴有幻觉及错乱现象，易引起偷窃及性犯罪等行为。③老年精神病（老衰症）主要是因脑部的萎缩及退化，产生精神衰颓现象，其症状包括记忆力丧失、夸大过去性格特征、兴趣缩小、遗忘、麻木、失眠、不安、愤怒、缺乏注意力、迷信、嫉妒、喋喋不休等，有些人还曾在夜晚起身做无目的徘徊，此外还有离家出走、外表不注意修饰、邋遢、易于哭泣、紧张、沮丧、失望等行为。因判断力受损及性冲动无法克制，患者极易产生性变态行为中的恋童狂举动。

非器质性精神病主要是因生活上遭受打击、挫折、不幸等精神压力而造成精神上的崩溃，主要表现为以下几种情况。①精神分裂症患者往往出现思维障碍，精神活动丧失统一性和协调性，常因幻觉、妄想，导致杀人、破坏财物、放火、伤害他人等行为。②躁郁症患者表现为无端的极度喜悦或悲伤，情绪不稳定，躁狂性精神病患者的突出表现是攻击行为，抑郁性精神病患者则容易自杀。③偏执性精神病，也称妄想性精神病，有嫉妒妄想、迫害妄想、罪恶妄想、钟情妄想等行为，这种患者在各种妄想的支配下，容易发生相应的危害行为。

精神疾病与犯罪行为并不有必然联系，不是每个精神病患者都必然实施危害社会的犯罪行为。在法律上，由于精神病患者不能辨认或不能控制等原因，其实施的危害行为不被认定为犯罪，其不承担刑事责任。但是精神病患者的行为易于造成对他人和社会的危害，因此对其与犯罪进行分析，有助于制定有关精神病人的刑事政策，做好精神病人犯罪的预防工作，特别是实践中有些危害行为的发生既有精神疾病的原因，又有意识因素的影响。

第三篇
对犯罪行为的干预:
预防与矫治

第八章

犯罪预防

　　犯罪预防，既是犯罪学研究的出发点和最终归宿，也是各国政府、有关国际组织及社会公众所共同关心的重大问题。长期以来，各国犯罪学家在这一领域进行了各种有益的探索。与丰富的犯罪学理论研究不同，有关犯罪预防的研究，从理论上来看，远远不如对犯罪原因的研究那样活跃和深入，这一方面仍然是现代犯罪学研究中的薄弱环节。在实践方面，由于理论支持的匮乏，犯罪预防观念未能真正深入人心，见诸实践，其应有的"治本"功效远远未达到人们所期望的高度。如何建立科学的犯罪预防理论体系，以指导预防实践，提高预防实践的效率，既是当代犯罪学所面临的一个核心理论问题，也是社会实践迫切需要解决的现实问题。因此，本章的主要内容包括犯罪预防的概述及其主要措施。

第一节 犯罪预防概述

一 犯罪预防的概念

有关犯罪预防的概念，在现有的犯罪学著作中，不同的专家、学者对其有不同的阐述。有的从行为科学的角度出发，称犯罪预防是"割断或削弱犯罪及原因之间的因果关系的行为体系"；有的从系统论的角度出发，认为犯罪预防是"一项系统工程"；有的从社会大视野的角度出发，认为犯罪预防是"防止、减少和根除犯罪的社会活动"；有的从操作性的角度出发，认为犯罪预防是"治本的办法"。博采众长，本书认为，犯罪预防是指国家、社会和公民为消除和减少犯罪发生的原因和条件，威慑和矫正犯罪人，从而防止和减少犯罪所采取的一系列防范策略和控制措施的总和，即广义的犯罪预防概念。狭义的犯罪预防是指在犯罪发生前的积极避免的活动。

犯罪预防一般可分为正式控制与非正式控制两种，前者为一种正式的社会机构（如警察机关、法院及矫正机构等），根据法律授权所从事的犯罪预防活动，旨在建立社会法律秩序；后者则是指足以影响个人行为的日常社会活动，如风俗、禁忌及礼仪等社会自然秩序。事实上，后者的社会控制力量在犯罪预防的效果上远超过前者。

二 犯罪预防的相关理论

现代犯罪预防的理论观点主要有以下三种。

（一）从社会防卫角度谈环境/情景预防，以及以 TAP 理论预防犯罪

情景预防又称情境预防，是英国罗纳得·克拉克所倡导的一种犯罪预防理念。所谓情景预防，是指对于某些发生率高的犯罪行为，通过直接管理、设计、调整的方式，持久有机地改变环境，从而尽可能地使行为人认识到犯罪行为难度增加，被捕的可能性增大，收益减少，以此使其减少犯罪。情景预防理论的发展与理性抉择理论、环境犯罪学和日常行为理论是密不可分的。理性抉择理论认为，犯罪人的犯罪决意是十分理性的，犯罪通常是由犯罪人对自己可能付出的代价与可能获利之间做出成本利益分析的结果，简而言之，克拉克认为当利益超过风险与辛苦时，犯罪就可能发生。环境犯罪学则主要强调环境因素对犯罪的影响，指出犯罪的类型和发案率的高低与具体的时空条件相联系，特定时空条件对于犯罪行为的发生具有诱发或刺激作用。日常行为理论则认为犯罪是犯罪动机、合适目标和缺乏犯罪抑制物互相作用的结果，而且社会的变化（包括工作、休闲方式的改变）可以使一些犯罪机会发生重大改变。这些犯罪学理论都解释了机会、环境与条件在犯罪中的重要作用，对于情景预防理论的提出、巩固及实践进行了有力的

理论支持。

同时，情景预防理论的发展也受到纽曼的防卫空间理论和杰弗里的环境设计理论的影响。纽曼认为，既然不能抑制人们的犯罪动机，我们何不从犯罪的目标和条件上去限制犯罪呢？没有作案的目标和条件，犯罪就不可能发生，所以，他主张建立一种本身具有预防作用的对居民和潜在犯罪都有影响的建筑模式，进行减少死角、加强监控并降低逃脱机会的防卫空间设计。杰弗里则认为，犯罪预防应考虑生物遗传和环境因素的互动关系，都市的环境设计和规划要考虑减少人际隔阂、加强人际交流的需要，因为在某些犯罪中（比如入室盗窃），犯罪分子正是利用了日常人际关系淡漠造成的监控真空时段与受害者反抗起来的势力单薄，才敢肆无忌惮地频繁作案并最终得逞。纽曼和杰弗里均强调了静态物理环境设计在预防犯罪中的重要性，对于情景预防策略的理论内容与具体实施来说不无借鉴作用。

犯罪预防学中的 TAP 理论，旨在通过缩短警察到达案发现场的快速反应时间，来达到预防犯罪的目的。TAP 是"警察到达现场时间"的英文缩写，该理论是犯罪预防理论中的一种，主要着眼于警务预防，改善警察的快速反应能力。这一理论提出主要是为了解决警方活动中的滞后性问题，主张构建警方快速反应机制，以现代化的装备武装警务一线，尽量缩短反应时间，提高效率，控制、制止和预防犯罪。警察到达现场时间的长短（或说速度的快慢）对于预防犯罪具有重大意义，如果警察到达犯罪现场速度快，控制犯罪的功能就大。警察到达现场的时间分三种：第一，发现犯罪时间，即从犯罪行为的发生到被人发现的时间；第二，警察机构人员获悉犯罪的时间；第三，警方做出反应并到达犯罪现场的时间。在这三个时间中，第三个反应时间最为关键。

（二）从刑罚威慑理论观点预防犯罪

古典犯罪学观点认为刑罚的严厉性可以起到威慑作用，从而达到预防犯罪的目的。威慑分为两种：第一种是个别威慑或特别威慑。如果犯罪分子实施犯罪行为后必然会被抓住，并被处以严厉的刑罚，那就可以防止其再次犯罪。第二种是一般威慑，国家惩罚犯罪行为是为了防止尚未犯罪的人走上犯罪的道路。

现代威慑理论以刑罚的必然性、严厉性和及时性，罪刑相适应，个别威慑与一般威慑为研究重点。威慑主义为现代西方刑法学和刑事司法制度提供了哲学依据。威慑理论的政策含义受到西方18世纪司法改革和刑罚政策改革的影响。因为该理论可直接在法律执行政策、法院和监狱中适用，所以至今仍有许多人支持威慑理论。针对犯罪问题，最常采用的政策是提倡加大刑罚的力度，对犯罪分子处以更严厉的刑罚，增加警察的力量和增加定罪判刑的必然性。这些政策倾向与立法者所做的使刑罚更加明确、严厉，减少已被判处刑罚的犯罪分子再犯的可能性和防止新的犯罪人出现的努力有关。判以较长刑期的政策，特别是将这一政策有选择性地应用于习惯性犯罪人，也可能基于这样的认识，即监狱即使不具有威慑作用，但至少可使犯罪人在一段时间内不能实施犯罪行为。但是威慑力一直存在于所有刑事制裁政策的背后，从死刑以下的刑种到死刑皆有所体现。

（三）基于被害预防理论，通过提高民众的自我防卫意识，减少被害，达到犯罪预防目的

首先，进入 21 世纪以来，犯罪预防的研究从犯罪人预防转向个体犯罪被害预防。犯罪被害预防的理论基础是人趋利避害的本能。既然人具有趋利避害的生物性，那么被害人在本性之下就会进行自我防范，防止被害。个体被害预防的提出恰恰是基于人的这一本性。

其次，人的安全需要作为其心理基础使个体犯罪被害预防成为可能。人总是有需要（包括精神需要）的，需要正是人的行为产生和维持的主要动因。心理学家马斯洛总结出人的 8 个需要层次，提出了需要层次的金字塔结构。其中，最底层、最基本的需要是生理需要，在此基础之上是"安全、舒适、宁静、不害怕的需要"。马斯洛认为，低层次的需要与高层次的需要具有密切联系，低层次的需要一旦得到基本满足或适当满足，高层次的需要就开始引起人们的注意。因此，当人们的生理需要基本得以满足时，自然就会产生对安全的需要。安全可以降低生活中的不确定性，保障个体生活的环境免遭危险。在绝大部分人的生理需要已经得到满足的现代社会，安全的需

要已成为人们进一步要求满足的目标，其直接表现为人们所追
求的安全需求感，即安全感。安全需求感促使人们产生安全行
为动机，使自己的行为指向安全的方向，安全感对安全的行为
起着维持和加强的作用。正是基于人们对安全的需要以及人的
需要与行为之间的必然联系，强调个体犯罪被害预防成为可
能。开展个体犯罪被害预防就是将人们维护自身安全的需要作
为动力，促使人们实施安全行为，减少对犯罪的诱发，避免犯
罪被害。

最后，犯罪动机的形成理论、理性选择理论、日常活动理
论等作为犯罪学基础充分论证了个体犯罪被害预防的必要性与
可行性。①犯罪动机的形成理论。犯罪动机的形成以主体的不
良需要为基础，以诱因为主要条件，而诱因是能激起犯罪人的
定向行为且能满足犯罪人某种需要的外部条件或刺激物。从犯
罪被害人角度来讲，被害人的被害性就属于诱因。诱因的吸引
力与犯罪主体的不良需要产生的内驱力相结合，犯罪动机就形
成了。因此，个体被害预防就是通过消除被害性来消除诱因，
达到减少与控制犯罪发生的效果。②理性选择理论。犯罪行为
在可能带给犯罪人某种非法利益的同时，也要承担受到刑罚惩
罚的风险，因此，"实施犯罪行为与否，往往要经过主体权衡
利弊的动机斗争和冲突"。"理性选择理论强调犯罪人不是盲
目犯罪，他们的犯罪决定是基于犯罪机会、成本与回报的可能
性，比较判断后做出的决定。"因此，犯罪人总是愿意选择那

些被害性因素明显、处于有利作案的时空条件之下的被害人作为犯罪目标。个体被害预防可以利用犯罪人动机斗争和理性选择等心理特点，通过消除被害性因素，减少犯罪被害的机会与条件，从而避免被害，预防犯罪。③日常活动理论。日常活动理论认为，社会变迁所带动的日常活动结构的变化，是促使暴力犯罪与财产犯罪增加的重要因素。在研究被害人日常活动中的越轨行为与被害性的关系时，有学者认为："凡是易成为受害者的人，其最常进行的活动通常包括违法或越轨行为，也就自然容易暴露于犯罪情境和成为合适的被害目标。"然后，在对饮酒这一活动进行研究时，学者们得出结论：醉酒、经常晚上出门饮酒娱乐和饮酒时有药物滥用行为，都属于高度暴露在缺乏监控的犯罪情境中的饮酒习惯，有这几类饮酒习惯的人成为被害人的可能性是有饮酒习惯的人中最高的。因此，高风险的日常活动增加了被害性，调整日常活动，减少被害性可降低被害的风险。

三　犯罪预防的必要性与可能性

（一）犯罪预防的必要性

意大利著名刑法学家贝卡利亚对犯罪预防的价值做了精辟的概括，他曾指出："预防犯罪要比惩罚犯罪更高明，这是一切优秀立法的主要目的。"具体分析，犯罪预防的价值体现在以下两个方面：第一，犯罪预防是控制犯罪的根本途径。菲利

提出的犯罪饱和论认为犯罪是不能被消除的，"每一个社会都
有其应有的犯罪，这些犯罪是由自然及社会条件引起的，其质
和量是与每一个社会集体的发展相应的"。即使从某种意义上
说犯罪现象的确不能完全被消灭，但是在一定程度上对犯罪行
为的发生进行控制还是可以实现的。因此，犯罪预防应运而
生。在深刻剖析犯罪现象的基础上，找出产生犯罪心理的原
因，总结犯罪发展的规律，通过减少或消除犯罪原因和犯罪借
以发生的条件，达到控制犯罪的目的。第二，犯罪预防是建设
和谐社会的必要手段。犯罪行为侵害了社会公众的人身、财产
等合法权益，造成了社会公众的担忧甚至恐惧的心理，严重扰
乱了人们正常的生产、生活秩序，成为新时期威胁社会稳定的
重大因素，妨碍和谐社会建设的进程。犯罪预防通过控制犯
罪，保障人们的生命和财产安全，提高了人们的社会安全感，
消除了威胁社会稳定的重大因素。

（二）犯罪预防的可能性

犯罪作为一种社会现象，在一定程度上是可以认识和预测
的，其主要理由体现在以下几个方面。

首先，犯罪规律和犯罪原因的可认识性，为犯罪预防提供
了哲学依据。辩证唯物主义认为，任何事物都不是孤立存在
的，其发生、发展的过程都是可以认识的，都是有规律可循
的，都受因果论、量变质变的规律支配。了解犯罪心理与犯罪
行为这种由量变到质变的发展过程及其规律，就可以在日常生

活中采取种种有针对性的措施，减少和削弱消极因素的影响，增加或强化积极因素的作用，从而达到预防犯罪的目的。

其次，犯罪学理论的深化和发展，为犯罪预防提供了理论基础，在认识犯罪的基础上，分析犯罪原因、总结犯罪规律，使犯罪预防对策更有针对性和可操作性。另外，我们在长期与犯罪作斗争的过程中已经积累了大量经验和犯罪相关资料，为犯罪预防提供了宝贵的经验，也为科学地预测犯罪提供了坚实的基础。

最后，现代科学技术的发展与进步，为犯罪预防提供了科学的手段与方法。科学技术作为第一生产力，在推动社会经济的发展、提高人们物质生活水平的同时，也为社会预防犯罪提供了先进的物质、技术手段，这为从根本上减少和控制犯罪创造了条件。尤其是以电子计算机为代表的现代科学技术的应用，使现代社会得以占有大量翔实的信息资料，为科学地预测犯罪提供了条件，能够准确有效地预防犯罪。

第二节　犯罪预防的措施

综观当前各国的犯罪预防实践，预防犯罪的措施可以总结为以下几点。

（一）对犯罪人和潜在犯罪人的预防

犯罪预防包括一切制止犯罪、惩治犯罪和预防犯罪的活动。它除含有犯罪发生前的预防外，还包括犯罪发生中和犯罪发生后的打击与改造措施，通过一系列的综合措施形成预防犯罪的合力，减少和控制犯罪的发生。可见，犯罪预防的对象是可能实施犯罪行为或者已经实施犯罪行为的人，这部分群体有一定的共同特征。研究这些人的特征，有助于我们把握犯罪规律，制定有针对性的预防措施。

（1）对潜在犯罪人的预防。①注重社会弱势群体的权利保障。实施犯罪的人很大一部分是社会中的弱势群体，当他们的合法权益遭到侵犯而又没有合理的救济方式时，他们往往会采取原始的手段，用暴力捍卫自己的权利，引发犯罪行为的发生。因此，法律应该为他们提供顺畅高效的权利救济渠道，预防其犯罪行为的发生。②对于那些受过违法处罚的人，定期对其进行生活指导、心理治疗、欲望克制，加强监督，一旦发现其心理有向不良方向转化的苗头，就要采取有效措施妥善解决有关问题，去除犯罪隐患。日本犯罪学家平尾靖曾说过一段话："在人格的深层有着易于走向一切犯罪的倾向，只要受压抑的欲望继续存在于心。"这些人员较其他社会大众更易于走上犯罪的道路，犯罪预防应该重视改造与消除这些人与社会不相适应的缺陷与矛盾，以达到预防其走上违法犯罪道路的目的。同时，通过对犯罪分子适用刑罚震慑潜在犯罪人，使其不敢从事危害社会的行为。

（2）从犯罪人的角度出发预防犯罪。①对犯罪行为人给予刑事处罚，发挥刑罚的惩罚、威慑功能，遏制犯罪行为人再犯的欲望。刑罚是惩罚犯罪的手段，以剥夺犯罪人一定的权益为内容，同时包含着对犯罪人的否定评价，使犯罪人感到痛苦。这种痛苦既源于国家对犯罪人否定性评价造成的精神痛苦，也源于犯罪人服刑亲身感受到的身体上的痛苦。这种痛苦会给犯罪人留下很深的烙印，以致其在以后的生活中为了避免再遭受同样的痛苦，不再产生重新犯罪的意念。若对犯罪的打击力度不够，不仅不能使犯罪人认识到其行为给自己和社会带来的不良后果，反而会间接地增强犯罪人在实施犯罪时的勇气。②加强犯罪人服刑期间的心理和行为矫治，发挥刑罚的教育改造功能。菲利曾说过："为了预防犯罪，我们必须求助于曾被我称为'刑罚替代措施'的那些措施。它们之所以能够防止犯罪的发展，是因为它们深究了犯罪原因，并力求消除这些原因。"刑事司法者在执行刑罚时，一定要充分意识到刑罚适用的主要目的是预防犯罪，并非报复、惩戒犯罪人，因此要本着教育、改造犯罪人的目的，对他们准确适用刑罚，同时加强对犯罪人服刑期间的心理辅导，培养犯罪人健全的人格，最大限度地为犯罪人以后重返社会创造有利条件。

（二）从被害人的角度出发预防犯罪

这里所指的被害人主要是指潜在的被害人。这些人之所以被犯罪行为人挑选为侵害的对象，很大程度上并不是偶然的，而是其具有犯罪行为人所期待的一系列特质，比如轻浮、妄动、胆小怕事、贪婪等。并且，有很多犯罪行为的发生是犯罪人与被害人的双向互动过程，在这个过程中，很多情况下被害人发挥了积极主动的作用。因此，从被害人的角度来预防犯罪也是很有必要的，具体可以从以下几个方面着手。

（1）强化被害人的预防意识。被害预防意识其实就是要求社会成员形成警惕意识和防范意识，目的是社会成员在遭遇特殊事件、应对敏感人物时具有敏锐的观察力和迅速的应变力。一方面，教育人们克服麻痹思想和恐惧心理，主动发现并自觉消除自身存在的各种容易致害的因素，避免自己成为被害人；另一方面，教育人们要有意识地培养在突发情况下的自我救助能力，提高应对犯罪行为的心理承受能力，最大限度地减少犯罪行为所造成的损失。

（2）被害人对自我行为进行一定约束。这是因为犯罪行为的发生，有些是由被害人自己的行为导致的，如被害人先前存在一些不当言行或挑衅行为，使犯罪人由正常的社会心理逐渐演变为犯罪心理，诱使其用犯罪行为进行反击。所以预防被侵害，要从被害人自身做起，控制自身的一些不良行为。

（三）从社会的角度出发预防犯罪

一方面，犯罪行为给社会带来了不和谐因素，破坏了社会的稳定性；另一方面，犯罪行为又是发生在社会的大环境下，犯罪行为所追求的利益往往是与社会本身的利益诉求相违背的。鉴于与大多数人生活的社会环境最为密切的是家庭、学校和社区，下文将从这三个方面进行分析。

（1）家庭预防。家庭是人类最早接触的场所，在人类社会化过程中发挥着启蒙的作用。充分发挥家庭的教育指引功能，可以抑制和减少犯罪的发生。家庭承担预防犯罪的功能主要依靠两点。第一，父母对子女的良好教育。父母应以身作则，采取科学的教育方法和教育态度，正确地培养和教育子女，使子女从小形成良好的个性品质和健全的人格。第二，家庭成员之间要相互体恤关爱，经常交流，若发现家庭成员有不良的行为倾向时，应对其加以疏导，多多沟通，及时化解其不良心理，释放其不良情绪，遏制其犯罪人格的形成，减少犯罪的发生。

（2）学校预防。学校是青少年在成长期中生活时间最长的场所，其重要性不言而喻。学校是个体从家庭走向社会的桥梁，对于培养合格的守法公民，具有不可推卸的责任。第一，学校要强化素质教育，针对广大青少年学生的不同特质，采取科学的教学模式，培养广大青少年学生形成正确的世界观和价值观，充当起这个时期的指路人。第二，关注问题学生。对学生出现的问题，及时进行疏导，发现其有不良的行为动向时，及时引导和治疗，遏制其犯罪人格的形成。

（3）社区预防。社区作为社会成员生活的最主要场所，也是犯罪发生的主要空间，社区预防毫无疑问地在预防犯罪活动中发挥重要作用。社区预防可以从以下两个方面着手。第一，加强社区巡逻，及时发现安全隐患，防患于未然。加强保卫系统，切实保障社区的安全。第二，对社区居民进行宣传教育，预防由居民的不良情绪所导致的犯罪行为的发生。社区应当设立犯罪预防小组，在社区居民中间开展各种形式的宣传和教育，提醒大家提高警惕，掌握一定的应对犯罪的知识和技巧。

犯罪预防是犯罪学的一个核心问题，是在对犯罪现象进行分析的基础上，总结规律，在犯罪学的理论指导下，提出切实可行的犯罪应对策略，其在减少犯罪、建设和谐社会方面发挥着举足轻重的作用。构建科学的犯罪预防体系需要从不同方面着手，多管齐下，将犯罪预防理论贯彻到实践中，最大化地实现犯罪预防的目的。行为人实施犯罪行为主要是由世界观、人生观和道德观严重扭曲，法律意识淡薄，生活期望值过高，心理失衡，与社会发展要求不适应等原因引起的。因此，要从犯罪人、被害人以及社会的角度进行全面的防控，抑制犯罪行为的发生。必须牢牢把握犯罪发生的原因和规律，构建起科学的犯罪预防体系，多管齐下，及时、准确、高效地预防、控制和减少公民犯罪人格的形成，维护国家的长治久安。当然，犯罪预防也不能仅仅停留在理论层次的探讨上，必须在理论的指导下进行实践，把犯罪预防的总体思想与详细具体的防范措施有机结合起来，形成全方位、成体系的犯罪预防网络，减少犯罪的发生，体现犯罪预防的价值。

第九章

犯罪矫治

在对犯罪的干预体系中，对犯罪人进行矫治，是犯罪的事前预防失败后，针对正在服刑的犯罪人所采取的一项重要的刑罚制裁和矫正措施。在刑罚执行的过程中，对犯罪人进行良好而有效的矫治是发挥制裁中个别预防措施功能的关键环节，也是降低重新犯罪率、控制和减少犯罪的基本途径。本章的主要内容包括犯罪矫治的概述及具体的犯罪矫治措施。

第一节　犯罪矫治概述

一　犯罪矫治的可能性

人所具有的社会性，决定了人必须在社会环境中生存、发展，社会中的各种因素影响和决定着人们的思想和行为。犯罪是一定的客体外界因素与行为人主观内在因素综合作用的结果。这表明犯罪不是由某个人或某些人与生俱来的生物因素、生理结构等特征所决定的固有现象，不存在某一特定人群或种群注定要犯罪的模式。因此，在社会生活实践中形成的犯罪意识是可以改变的，犯罪习性是可以戒除的，犯罪人可以改恶从善，成为守法公民。

二 犯罪矫治的一般原理

由于犯罪矫治具有可能性，对犯罪人的矫治正是利用个人心理和行为可改变的原理，通过对犯罪人的心理治疗和行为管束来消除犯罪意识、改变犯罪习性。

对犯罪人的矫治，首先必须遵循人类意识形成的规律和行为定型的规律，通过教育和灌输，用新的因素和力量作用于犯罪人，以培养守法意识和良好的行为习惯，消除、抵制、阻止某些导致犯罪意识和行为的因素对犯罪人的影响或者改变其作用方面，帮助犯罪人弃恶从善。

其次，犯罪人所实施的犯罪行为表明其已经形成了具有倾向性的犯罪意识或习性，他自己没有能力进行自我改造，所以需要通过外界的力量，通过严格的管束来促使其接受治疗。这意味着对犯罪人的矫治不是在一般的社会环境下所能进行的，它需要在特殊的环境里，在强制的状态下进行。因此，对犯罪人的矫治，通常应当在监狱等劳动改造场所由专门的管教人员组织实施。

最后，犯罪意识通常不是在一朝一夕中形成的，犯罪习性也不可能像魔法那样突然附在犯罪人身上，它们的形成和养成总有一个过程。对于犯罪人的矫治也很难想象能在很短时间内卓有成效。所以，对犯罪人的矫治应当有一定的时间保障。这就决定了对犯罪人的矫治只适用于被判处有期徒刑以上刑罚的犯罪人，同时这也使对犯罪人的矫治区别于一般的帮教工作。

对犯罪人的矫治过程，实质上也就是在刑罚的执行过程中充分发挥其个别预防功能的过程。在自由刑的执行过程中，有针对性地针对犯罪人进行思想教育，帮助其消除犯罪心理，改造犯罪习性，就是对犯罪人的矫治。

犯罪行为的实施是行为人在犯罪意识的支配下，采取与社会规范相冲突的手段所导致的结果，对其行为的矫治需要通过严格的管束。在强制的状态下，用正面的、积极的力量加以教育和引导。当然犯罪意识的形成并非一蹴而就，要对其在根本上进行改变和消除更非一日之功，它需要在对犯罪人进行监督、管制的前提下，运用一系列矫治措施从心理治疗和犯罪习性矫治两方面入手，以保证矫治效果的真正实现。

第二节　犯罪矫治的措施

对犯罪人的矫治，主要包括两个方面：一是犯罪心理矫治；二是犯罪习性矫治。

一　犯罪心理矫治

犯罪心理矫治是指通过教育和灌输，帮助犯罪人改变反社会的生活态度，消除犯罪的思想根源，培养守法意识。犯罪心理不仅指犯罪人在实施犯罪行为过程中的内心活动，而且主要指促使犯罪人实施犯罪行为的思想意识（即反社会的生活态度）。具有犯罪心理的人，一旦遇到适当环境，其犯罪心理便会促使其实施犯罪行为。因此，对犯罪心理的矫治，是防止犯罪人再次犯罪的重要途径，也是达到个别预防的根本所在。

（一）犯罪心理矫治的基本内容

犯罪心理矫治的内容，应当根据犯罪心理的特点来确定。任何犯罪心理，都是共性与个性的统一。各个犯罪心理的共性，主要表现在两个方面。一是反社会的生活态度。许多犯罪的发生，都是犯罪人不能正确处理个人与社会、与他人的关系引发的结果。在社会中生活的每个人，在自己的生活经历中总会同社会、同他人发生各种各样的矛盾和冲突。当个人的需要、好恶与社会和他人的需要、要求之间发生冲突时，具有反社会的生活态度的人，总是以个人好恶、需要所引起的冲动行事，不顾社会和他人的利益和要求。这是许多犯罪行为得以实施的重要原因，也是许多犯罪人的思想特征。二是有缺陷的意识结构。这种有缺陷的意识结构主要表现为：思维方式片面，易过分看重某些矛盾，以致选择极端的解决方式；自我抑制力薄弱，易受冲动驱使，以致不顾社会规范的约束鲁莽行事；性格好胜固执，易受环境影响，以致在不良刺激面前不能正确选择行为。犯罪心理的个性是因每个犯罪人而异的，只有具体分析不同的犯罪人的犯罪心理才能认识其个性，了解其具体内容。因此，犯罪心理矫治的基本内容应当包括以下三个方面。

（1）改变生活态度。与社会公共准则要求背离的、反社会的生活态度是犯罪人共有的本质特征，这种特征表现为他们低劣的思想素质，缺乏严肃的生活态度，缺乏社会责任感，在处理个人和社会、个人与他人的关系中，遵循以自我为中心的个人主义思想，行为放荡不羁，无视社会规范和法律，守法意识淡薄。一些正在服刑的犯罪人在进入监狱这一特殊环境时，其反社会的意识并未立即消失，而是会暂时潜伏，这时如不及时给予矫治，就可能使其反社会的生活态度朝恶性方面转化，并逐渐膨胀。在改变犯罪人的反社会意识时，要进行法制教育，帮助他们认识法律在现实社会中存在的必要性和法律适用的严肃性，使他们对法律和社会公共准则在现实社会中的作用有正确的认识和评价，并以此约束自己的行为。对于正在服刑的犯罪人，要根据犯罪的具体情况，结合其主观罪过以及犯罪前的社会经历，进行有针对性的思想感化和教育。

（2）培养健康的意识结构。对犯罪人进行矫治，就是帮助他们建立对社会、人生、友谊和自我的正确理解和态度，克服意识结构中的缺陷，促使他们形成冷静、全面地思考问题的习惯，加强意志力的培养，提高自我控制能力，注意消除性格上的盲目、冲动等缺陷。只有培养犯罪人健康的意识，才能使其在外界刺激或者犯罪诱惑力面前有效地控制自己，避免其为争一时之气而实施犯罪行为。

（3）重建目标体系。犯罪人所确定的目标往往是短浅的，只顾眼前的暂时利益而不考虑长远的根本利益。其实，人们对目标的确定是由多方面的目标所组成的体系，在这一目标体系中，行为人根据目标的价值与现实可能性做出判断和选择，犯罪人往往在某一目标的指引、刺激下实施犯罪行为。帮助犯罪人重建目标体系，是犯罪心理矫治的中心环节。通过疏导和教育提高犯罪人的思想认识和觉悟水平，从而使其改变先前对犯罪行为的认识，重建新的目标体系。监狱管理干部要积极帮助他们确立正确的目标，将近期目标与长远目标相结合，调动犯罪人主动改造的积极性。

（二）犯罪心理矫治的基本方法

犯罪心理矫治的基本方法是在强迫改造的过程中，利用犯罪人在刑罚执行过程中所受到的心理压力，进行强制的思想灌输和有针对性的说服教育。具体包括以下几个方面。

（1）针对犯罪心理形成的共性，在一定范围内对犯罪人进行强制性的集中教育，采取摆事实、讲道理、理论联系实际的方法，促使犯罪人接受符合社会规范的正确思想，使他们在集体中陶冶自己，逐渐端正认识，弃恶从善。在进行集中教育的同时，根据每个犯罪人犯罪心理形成的不同情况，进行有针对性的引导，因人施教。因人施教是更加细致的矫治方法，它要求在矫治工作中，矫治工作者与矫治对象之间要建立一种"帮助关系"和"支持关系"，在矫治对象积极、主动的配合下，进行启发教育。

（2）利用社会力量、家庭力量协助矫治。依靠社会力量和家庭力量的协助，可以实现加快和巩固心理矫治的进程及效果。例如，邀请社会知名人士结合自己的身份和成就，向犯罪人讲解人生的意义和成功的乐趣，启发犯罪人关心自己的前途；组织重新回到社会后在工作中做出成绩的刑满释放人员回到监狱现身说法，以帮助服刑人员增强改恶从善、重新做人的勇气和信心等。利用社会力量对犯罪人进行教育，具有启发犯罪人接受矫治、增强矫治信心的作用，强化矫治的效果。在家庭方面，家庭的社会性（一种特殊的社会组织形式）和自然性（以婚姻和血缘关系为纽带）的结合使其对家庭成员具有特殊的影响力，特别是家庭共同生活所形成的心理定势，使家庭成员对犯罪人的教育极易被犯罪人接受。因此，在犯罪心理矫治的过程中，应当注意利用家庭的力量对犯罪人进行规劝、教育，以配合犯罪人的心理矫治。当然，家庭成员对犯罪人的影响力是受犯罪人以前同家庭成员共同生活时的感情融洽程度制约的。

（3）在使犯罪人重新社会化的过程中，要注意防止犯罪人在精神上与社会隔绝。社会的快速发展，使每个人在知识、信息、能力交往等方面都应同步发展；而监禁限制了犯罪人与外界的接触和对信息的掌握，为了让犯罪人在回归社会后能尽快地适应社会、融入社会生活，有必要使犯罪人对社会保持一定的了解，为避免犯罪人在精神上与社会隔绝，监狱应通过报刊、书籍、广播、电视中有教育意义的内容的宣传、播放，建立起信息的桥梁，使犯罪人能够及时地了解社会，适应社会，以便日后顺利回归社会。

（4）强化狱政管理，创造有利的矫治环境。犯罪心理矫治是在特殊的场所里进行的。在这些场所里，具有各种犯罪心理的人共同生活在一起，很可能互相感染，强化犯罪意识，甚至形成黑社会的群体意识。因此，在这种场合里要对犯罪人进行心理矫治，就必须强化狱政管理，严格监视纪律，严厉制裁犯罪人中的邪恶势力和传播犯罪思想、传授犯罪技术的犯罪人，创造一个能相互监督、相互帮助的矫治集体。同时，加强狱政管理，还有助于建立一个安全整齐、清洁美化的监禁环境。这对于陶冶情操，消除因杂、乱、肮脏的环境而可能产生的消极、颓废的情绪和烦躁不安的思想，具有积极的作用。

狱政管理应当坚持依法办事的原则，既要立足于改造和严格管理，又要实事求是地解决犯罪人的问题，尊重犯罪人的合法权利。树立良好的狱政管理形象，可以促进犯罪人的心理矫治，不良的狱政管理形象本身就可能使心理矫治的成果毁于一旦。

二　犯罪习性矫治

犯罪习性是长期或者多次实施犯罪行为而形成的动力定型，往往表现为惯犯、累犯的行为特征。具有犯罪习性的人，在实施犯罪行为时，不需要外界刺激等犯罪诱因的作用，没有明显的意志选择过程。这种习性一旦形成，行为人容易保持犯罪的冲动，他们的犯罪动力总会处于主导地位，罪责感、怜悯心总是难以调动。他们对其所实施的犯罪行为，不仅不会感到后悔，反而感到荣耀、心安理得。在行为选择过程中，他们考虑的不是犯罪与不犯罪的问题，而是在实施何种犯罪行为以及在犯罪技巧方面进行考虑。有时行为人慑于刑罚的威力也想暂时放弃犯罪，却无法抑制已成习惯的性格倾向、行为冲动。因此，对犯罪习性的矫治是一项非常艰难的工作，但同时又是一项预防犯罪人实施犯罪行为的不可或缺的重要工作。

(一) 犯罪习性矫治的条件

(1) 场所条件。犯罪习性的顽劣性使犯罪主体不可能在无拘无束的状态下自觉地接受矫治。所以，矫治犯罪习性必须在特定的场所进行，使犯罪人适应矫治的环境，这种场所只能是执行刑罚的机关，只有在刑罚执行过程中、在严格的管束下，才能有效地强制犯罪人接受习性矫治。

（2）心理条件。犯罪习性矫治，离不开犯罪的心理矫治。只有通过行之有效的心理矫治，使犯罪人真正认识到自己已经养成的犯罪习性的危害性和违法性，并且下决心戒除和纠正这种犯罪习性时，犯罪习性矫治才能收到应有的效果。

（3）时间条件。犯罪习性的矫治，还需要一定时间的保证。犯罪的动力定型是犯罪人通过长期的积累，逐渐演变发展的结果。犯罪习性的养成是日积月累的过程，而非一朝一夕的变化，因此，矫治也不可能在短时间内完成，并且具有犯罪习性的犯罪人，改造效果具有明显的不稳定性，犯罪习性较顽固，在严密的监管环境里，他们可能暂时收敛其行为，但一段时间之后，他们的犯罪习性又会充分表现出来，因此，时间条件是犯罪习性矫治的必要保障。

（二）犯罪习性矫治的基本方法

犯罪习性矫治的基本方法包括两个方面：一是限制原有的行为定型对行为的支配力量，淡化犯罪行为习惯；二是反复实践新的行为规范，逐渐形成新的动力定型。

（1）限制原有的行为定型，淡化犯罪行为习惯。对于具有犯罪习性的人来说，犯罪行为通常是由动力定型规律实施的，思想认识所起的作用往往是有限的。所以对犯罪人的习性矫治，应当在心理矫治的配合下着重进行行为矫正，即在相应的刺激反复出现的情况下通过严格的管束、限制犯罪人的行动自由，或者剥夺其犯罪能力，使其强烈的冲动没有发泄的机会。这种相应的刺激可以是犯罪人日常生活环境中自然存在的，也可以是为矫治某种犯罪习性特设的。但是不论哪种情况，都应当在特定犯罪人可能受到这种刺激的场合进行严密的监视和严格的管束，甚至在必要的时候动用有关器械限制或剥夺其行为能力，以阻止犯罪习性对犯罪人行为的支配。这样长时间地反复进行，就可能打破犯罪人原有的动力定型，使一听批评就要出拳的人在听到批评时能够控制自己的拳头。当然，这种行为矫治类似于"以毒攻毒"的方法。运用得好可以有效地矫正其行为习惯；运用得不好，则可能使犯罪人犯罪习性在这种刺激下变本加厉。因此，行为矫正必须在严密监管的条件下进行。

（2）反复实践新的行为规范，逐渐形成新的动力定型。作为犯罪习性矫治的另一个方面，应当抓好新的行为规范的训练。包括严格的纪律训练、健康的集体生活训练和精神文明训练。严格的纪律训练，可以促使犯罪人培养适合社会要求的动力定型，以抵消犯罪的动力定型，养成遵纪守法的习惯。长时间的这种训练，可以使犯罪人由逆反变为顺应进而变为自觉的生活习惯，形成新的动力定型系统。同时，这种训练也有助于培养犯罪人的自我控制能力，使其在新的犯罪刺激或诱惑面前，有可能通过自我抑制来控制自我，不去实施犯罪行为。

对犯罪习性的矫治，应当采用行为矫治与心理矫治相结合、个别矫治与集体矫治相结合、强制矫治与鼓励犯罪人自觉矫治相结合的原则，讲求实效，使刑罚的执行过程真正成为个别预防的过程，控制和减少犯罪发生。

图书在版编目（CIP）数据

犯罪学基础理论／张金武，刘念编著. – –北京：
社会科学文献出版社，2017.6
（司法社会工作丛书／王文生主编）
ISBN 978 - 7 - 5201 - 0773 - 0

Ⅰ.①犯…　Ⅱ.①张…②刘…　Ⅲ.①犯罪学 - 理论
研究　Ⅳ.①D917

中国版本图书馆 CIP 数据核字（2017）第 096454 号

司法社会工作丛书

犯罪学基础理论

编　　著／张金武　刘　念

出 版 人／谢寿光
项目统筹／高　雁
责任编辑／王楠楠　王蓓遥

出　　版／社会科学文献出版社·经济与管理分社 （010）59367226
　　　　　地址：北京市北三环中路甲 29 号院华龙大厦　邮编：100029
　　　　　网址：www. ssap. com. cn
发　　行／市场营销中心（010）59367081　59367018
印　　装／三河市尚艺印装有限公司

规　　格／开　本：787mm × 1092mm　1/16
　　　　　印　张：15.25　字　数：147 千字
版　　次／2017 年 6 月第 1 版　2017 年 6 月第 1 次印刷
书　　号／ISBN 978 - 7 - 5201 - 0773 - 0
定　　价／69.00 元

本书如有印装质量问题，请与读者服务中心（010 - 59367028）联系